고전
명문장
필사
100

생각을 깊게
삶을 단단하게

고전
명문장
필사
100

편역 김지수

마음시선

좋은 친구, 좋은 책,

그리고 평온한 상태:

이것이야말로 이상적인 삶입니다.

_마크 트웨인

들어가며

인류의 지혜가 응축된 고전 문학의 세계로 여러분을 초대합니다. 오랜 시간 널리 읽히며 사랑받는 고전 명문장 속에는 인간의 희로애락과 삶의 진실이 깃들어 있습니다. 고전이 전하는 메시지는 단순히 과거에 머무르지 않고, 오늘날 우리 삶에 여전히 강력한 울림을 전합니다.

이 책은 우리에게 잘 알려진 고전 중에서 100개의 글을 엄선해 다섯 장으로 구성했습니다. 첫 장 '삶, 그 빛나는 순간들'에는 일상 속에서 발견할 수 있는 작은 기쁨과 희망, 그리고 현재를 살아가는 마음가짐에 관한 글을 담았습니다. 이 글들을 통해 하루하루, 순간순간을 소중히 여기는 지혜를 마음 깊이 느끼면 좋겠습니다.

두 번째 장인 '생각의 깊이, 깨달음의 너비'는 우리가 그동안 쌓아온 지식을 되돌아보며 인생을 더욱 깊이 이해하고자 하는 마음에서 출발했습니다. 삶의 의미를 되새기며, 그 속에서 소중한 가치를 발견해봅니다.

세 번째 장인 '사랑의 기쁨과 슬픔'은 우리가 이 세상에서 맺는 관계들에 대한 글을 모았습니다. 열정적인 사랑과 따뜻한 우정, 그리고 희생과 배려가 인생에서 얼마나 많은 부분을 차지하며 삶을 이끄는 원동력이 되는지 알 수 있습니다.

네 번째 장인 '고요 속에서 나를 만나다'는 자기 자신을 이해하고 고독을 통해 자신과 마주하는 시간이 필요함을 알려줍니다. 우리는 자신을 탐구하는 여정을 통해 더 나은 삶을 살아갈 수 있습니다.

마지막으로 '고통을 지나 완성되는 삶'에서는 우리가 겪는 역경과 그 속에서 찾아낸 용기, 희망의 의미를 되새깁니다. 어려움은 결코 우리를 무너뜨리지 않습니다. 오히려 그 속에서 더욱 강해지며, 성장할 수 있는 기회를 줍니다.

우리는 모두 각기 다른 삶의 길을 걸어가며 때로는 기쁨을, 때로는 고통을 겪습니다. 그러나 그 모든 경험이 인생을 깊이 있게 만들어가는 힘이 됩니다. 고전의 지혜는 시대를 초월하며, 현재를 살아가는 우리에게도 여전히 중요한 길잡이가 될 것입니다. 여러분이 지나는 삶의 순간순간에 이 책의 한 페이지, 한 문장이 큰 위로와 통찰이 될 수 있기를 바랍니다.

1장 삶, 그 빛나는 순간들

001 《키다리 아저씨》, 진 웹스터
002 《로빈슨 크루소》, 대니얼 디포
003 《작은 아씨들》, 루이자 메이 올콧
004 《빨강머리 앤》, 루시 모드 몽고메리
005 《걸리버 여행기》, 조너선 스위프트
006 《어린 왕자》, 앙투안 드 생텍쥐페리
007 《제인 에어》, 샬럿 브론테
008 《이상한 나라의 앨리스》, 루이스 캐럴
009 《톰 소여의 모험》, 마크 트웨인
010 《빨강머리 앤》, 루시 모드 몽고메리
011 《키다리 아저씨》, 진 웹스터
012 《사양》, 다자이 오사무
013 《위대한 개츠비》, F. 스콧 피츠제럴드
014 《이상한 나라의 앨리스》, 루이스 캐럴
015 《자기만의 방》, 버지니아 울프
016 《크리스마스 캐럴》, 찰스 디킨스
017 《키다리 아저씨》, 진 웹스터
018 《톰 소여의 모험》, 마크 트웨인
019 《안나 카레니나》, 레프 톨스토이
020 〈비에도 지지 않고〉, 미야자와 겐지

2장 생각의 깊이, 깨달음의 너비

021 《싯다르타》, 헤르만 헤세
022 《주홍 글자》, 너새니얼 호손
023 《부활》, 레프 톨스토이
024 《허클베리 핀의 모험》, 마크 트웨인
025 《나는 고양이로소이다》, 나쓰메 소세키
026 《돈 키호테》, 미겔 데 세르반테스
027 《군주론》, 니콜로 마키아벨리
028 《로빈슨 크루소》, 대니얼 디포
029 《왕자와 거지》, 마크 트웨인
030 《레 미제라블》, 빅토르 위고
031 《리어 왕》, 윌리엄 셰익스피어
032 《오만과 편견》, 제인 오스틴
033 《걸리버 여행기》, 조너선 스위프트
034 《동물농장》, 조지 오웰
035 《도련님》, 나쓰메 소세키
036 《데미안》, 헤르만 헤세
037 《더버빌가의 테스》, 토머스 하디
038 《오즈의 마법사》, L. 프랭크 바움
039 《도리언 그레이의 초상》, 오스카 와일드
040 《군주론》, 니콜로 마키아벨리

3장 사랑의 기쁨과 슬픔

041 《젊은 베르테르의 슬픔》, 요한 볼프강 폰 괴테
042 《보바리 부인》, 귀스타브 플로베르
043 《에이번리의 앤》, 루시 모드 몽고메리
044 《닥터 지바고》, 보리스 파스테르나크
045 《로미오와 줄리엣》, 윌리엄 셰익스피어
046 《젊은 베르테르의 슬픔》, 요한 볼프강 폰 괴테
047 《어린 왕자》, 앙투안 드 생텍쥐페리
048 《위대한 유산》, 찰스 디킨스
049 《폭풍의 언덕》, 에밀리 브론테
050 《로미오와 줄리엣》, 윌리엄 셰익스피어
051 《닥터 지바고》, 보리스 파스테르나크
052 《더버빌가의 테스》, 토머스 하디
053 《전쟁과 평화》, 레프 톨스토이
054 《제인 에어》, 샬럿 브론테
055 《채털리 부인의 연인》, D.H. 로렌스
056 《설득》, 제인 오스틴
057 《위대한 유산》, 찰스 디킨스
058 《도리언 그레이의 초상》, 오스카 와일드
059 《행복한 왕자》, 오스카 와일드
060 〈애너벨 리〉, 에드거 앨런 포

4장 고요 속에서 나를 만나다

061 《데미안》, 헤르만 헤세
062 《카라마조프가의 형제들》, 표도르 도스토옙스키
063 《마음》, 나쓰메 소세키
064 《허클베리 핀의 모험》, 마크 트웨인
065 《프랑켄슈타인》, 메리 셸리
066 《돈 키호테》, 미겔 데 세르반테스
067 《마음》, 나쓰메 소세키
068 《작은 아씨들》, 루이자 메이 올콧
069 《리어 왕》, 윌리엄 셰익스피어
070 《어린 왕자》, 앙투안 드 생텍쥐페리
071 《페스트》, 알베르 카뮈
072 《누구를 위하여 종은 울리나》, 어니스트 헤밍웨이
073 《노인과 바다》, 어니스트 헤밍웨이
074 《카라마조프가의 형제들》, 표도르 도스토옙스키
075 《파우스트》, 요한 볼프강 폰 괴테
076 《싯다르타》, 헤르만 헤세
077 《안나 카레니나》, 레프 톨스토이
078 《동물농장》, 조지 오웰
079 《지킬 박사와 하이드》, 로버트 루이스 스티븐슨
080 《프랑켄슈타인》, 메리 셸리

5장 고통을 지나 완성되는 삶

081 《인간실격》, 다자이 오사무

082 《변신》, 프란츠 카프카

083 《주홍 글자》, 너새니얼 호손

084 《죄와 벌》, 표도르 도스토옙스키

085 《노인과 바다》, 어니스트 헤밍웨이

086 《이방인》, 알베르 카뮈

087 《인간실격》, 다자이 오사무

088 《페스트》, 알베르 카뮈

089 《무기여 잘 있거라》, 어니스트 헤밍웨이

090 《맥베스》, 윌리엄 셰익스피어

091 《햄릿》, 윌리엄 셰익스피어

092 《동물농장》, 조지 오웰

093 《수레바퀴 아래서》, 헤르만 헤세

094 《노인과 바다》, 어니스트 헤밍웨이

095 《심판》, 프란츠 카프카

096 《신곡》, 단테 알리기에리

097 《1984》, 조지 오웰

098 《이방인》, 알베르 카뮈

099 《풀베개》, 나쓰메 소세키

100 《데미안》, 헤르만 헤세

독서는 사람의 내면을 풍성하게 하고,
대화는 사람을 재치 있고 유연하게 하며,
글쓰기는 사람을 치밀하고 정확하게 만든다.
_프랜시스 베이컨

1장

삶,
그 빛나는
순간들

001

《키다리 아저씨》

"중요한 건 크고 대단한 즐거움이 아니에요. 작은 즐거움들을 최대한 누리는 것이 중요하죠. 아저씨, 저는 행복의 진정한 비밀을 발견했어요. 그건 바로 현재를 사는 거예요. 과거를 끊임없이 후회하거나 미래를 바라보며 사는 게 아니라, 바로 이 순간 가장 좋은 걸 얻어내는 거예요."

진 웹스터

002

《로빈슨 크루소》

나는 내가 처한 상황의 밝은 면을 더 많이 바라보고, 어두운 면을 덜 보는 법을 배웠다. 또한 나에게 부족한 것보다 내가 누리고 있는 것을 생각했는데, 이것이 때로는 말로 표현할 수 없는 은밀한 위안을 주었다. 이를 여기서 언급하는 이유는, 하나님이 주신 것을 편히 누리지 못하고, 주시지 않은 것을 탐내며 불평하는 사람들에게 알려주기 위해서다. 우리가 가진 게 없다는 모든 불만은, 우리가 가진 것에 대한 감사함의 부족에서 비롯된다는 걸 나는 깨달았다.

대니얼 디포

003

《작은 아씨들》

"규칙적으로 일을 하고 쉴 땐 쉬어야지. 하루하루를 보람차고 즐겁게 보내렴. 그렇게 일과 놀이를 잘 조화시키면서 네가 시간의 가치를 잘 이해하고 있음을 증명하면 돼. 그래야 젊은 시절을 즐겁게 보낼 수 있고, 나이가 들어서도 후회가 적어. 가난하더라도 너희들이 아름다운 인생을 살면 좋겠구나."

루이자 메이 올콧

004

《빨강머리 앤》

"세상에 알아내야 할 것들이 이렇게나 많다고 생각하니 정말 신나지 않으세요? 그럼 살아 있다는 것만으로도 기쁘게 느껴지거든요. 세상은 정말 흥미진진하니까요. 만약 우리가 모든 것을 다 알고 있다면, 세상의 재미가 절반으로 줄어들 거예요. 상상력이 들어설 자리가 없을 테니까요. 그렇게 생각하지 않으세요? 근데 제가 말이 너무 많은가요? 사람들은 항상 제가 말이 많다고 해요. 제가 조용히 있는 게 좋으세요? 그러라고 하시면 그럴게요. 마음먹으면 말을 안 할 수 있어요. 어렵긴 하지만요."

루시 모드 몽고메리

005

《걸리버 여행기》

'인간의 자연적 욕구는 아주 쉽게 충족된다.'
'필요는 발명의 어머니이다.'

나는 이 두 격언이 옳다는 것을 몸소 증명했다. 나는 육체적으로 완벽하게 건강했고, 마음의 평온을 누렸다. 친구의 배신이나 변덕도, 공공연하거나 숨어 있는 적이 주는 피해도 느끼지 않았다. 권력자나 그의 측근의 환심을 사기 위해 뇌물을 주거나, 아첨하거나, 문전박대를 당할 일도 없었다. 속임을 당하거나 폭력을 대비할 필요도 없었다. 여기엔 내 몸을 망가뜨리는 의사도, 내 재산을 빼앗아가는 변호사도 없었고, 내 말과 행동을 감시하거나 돈을 받고 거짓 고발을 하는 밀고자도 없었다. 여기엔 조롱하는 자, 비난하는 자, 험담하는 자, 소매치기, 강도, 좀도둑, 법률가, 포주, 어릿광대, 도박꾼, 정치인, 재주꾼, 우울증 환자, 지루한 수다쟁이, 논쟁가, 강간범, 살인자, 도둑, 예술가도 없었다. 당파나 파벌의 지도자나 추종자도 없었고, 다른 사람을 유혹하거나 본보기를 보이며 악행을 부추기는 자도 없었다. 지하 감옥, 도끼, 교수대, 태형 기둥, 형틀도 없었고, 손님을 등쳐 먹는 가게 주인이나 기술자도 없었으며, 교만, 허영심, 가식도 없었

다. 멋쟁이, 깡패, 술주정뱅이, 거리의 창녀, 성병도 없었고, 고함치고, 음란하며, 사치스러운 아내도 없었다. 우둔하고 거만한 학자들도 없었고, 귀찮게 굴고, 독선적이고, 싸움을 좋아하며, 시끄럽고, 고함치며, 공허하고, 자만에 빠져 욕설이나 하는 동료들도 없었다. 악행을 일삼으며 무일푼으로 출세한 악당도, 미덕 때문에 먼지 속으로 던져진 귀족도 없었다. 영주, 사기꾼, 판사, 춤 선생도 없었다.

조너선 스위프트

006

《어린 왕자》

"네가 오후 네 시에 온다면 나는 세 시부터 행복할 거야. 그리고 네 시에 가까워질수록 점점 더 행복해지고, 네 시가 되면 몸을 들썩이며 네가 보고 싶어 안달이 날 거야. 그때의 내 모습이 얼마나 행복해 보일까."

앙투안 드 생텍쥐페리

007

《제인 에어》

"말썽꾸러기 아이를 보는 것만큼 슬픈 일은 없지." 그가 말했다.
"특히 어린 말썽꾸러기 여자아이 말이야. 나쁜 사람들이 죽으면 어디로 가는지 알고 있니?"
"지옥에 가요." 나는 즉시 정통적인 대답을 했다.
"그럼 지옥이 뭐지? 말해줄래?"
"불이 가득한 구덩이예요."
"그럼 넌 그 구덩이에 빠져서 영원히 불타고 싶니?"
"아니요, 선생님."
"그걸 피하려면 어떻게 해야 할까?"
잠시 생각한 끝에 나온 내 대답은 문제가 있었다.
"건강을 잘 유지해서 죽지 않으면 돼요."

샬럿 브론테

008

《이상한 나라의 앨리스》

그리펀이 말했다.

"이제 네 모험 이야기를 좀 들어보자."

앨리스는 조금 머뭇거리며 입을 열었다.

"내 모험은… 그러니까 오늘 아침부터 있었던 일부터 이야기할게. 어제 이야기는 아무 의미가 없어. 난 어제의 내가 아니니까."

루이스 캐럴

009

《톰 소여의 모험》

어느 날 톰이 갈라진 틈에 약을 떨어뜨리고 있을 때, 이모의 노란 고양이가 가까이 다가왔다. 고양이는 가르랑거리며 찻숟가락을 애타게 바라보면서 맛을 보게 해달라고 졸랐다. 톰이 말했다.

"피터, 정말 먹고 싶은 게 아니라면 달라고 하지 마."

하지만 피터는 정말 먹고 싶다는 듯이 신호를 보냈다.

"정말 확실해?"

피터는 확실하게 원하는 듯했다.

"네가 달라고 했으니까 줄게. 난 인색한 사람이 아니거든. 하지만 맛이 없다고 생각되더라도 너 자신 말고는 아무도 탓하면 안 돼."

피터는 동의했다. 그래서 톰은 피터의 입을 벌리고 진통제를 들이부었다. 피터는 순식간에 2미터나 공중으로 튀어 올랐고, 무시무시한 비명을 지르더니 방 안을 빙빙 돌기 시작했다. 가구들과 부딪히고, 화분들을 쓰러뜨리며 온통 아수라장을 만들었다. 그다음엔 뒷발로 일어서서 미친 듯이 즐거워하며 춤을 추었는데, 어깨에서 고개를 쑥 빼고 끝없는 행복을 외치는 것 같았다. 그러고는 다시 집 안을 헤집고 다니며 가는 곳마다 혼돈과 파괴의 흔적을 남겼다.

피터가 공중제비를 몇 번 돌고, 마지막으로 크게 환호성을 지르더니 남은 화분들까지 모조리 쓸어가며 열린 창문으로 휙 날아가는 순간, 마침 폴리 이모가 들어왔다. 노부인은 너무 놀라서 안경 너머로 그 광경을 가만히 지켜보며 그대로 굳어버렸고, 톰은 바닥에 누워 웃음을 참느라 죽을 지경이었다.

"톰, 도대체 저 고양이가 왜 저러는 거니?"

"저도 모르겠어요, 이모." 소년이 헐떡이며 대답했다.

"세상에, 저런 꼴은 생전 처음 본다. 대체 왜 저러는 걸까?"

마크 트웨인

010

《빨강머리 앤》

"왜 기도할 때 꼭 무릎을 꿇어야 하나요? 저라면 정말 기도하고 싶을 때 이렇게 할 거예요. 혼자 드넓은 들판에 가거나 깊은 숲속에 들어가서, 하늘을 올려다볼 거예요. 저 위 높디높은, 끝없이 푸른 아름다운 하늘을 바라보는 거죠. 그러면 정말 기도하는 느낌이 들 거예요."

루시 모드 몽고메리

011

《키다리 아저씨》

"이 세상은 행복으로 가득 차 있어요. 우리가 우리의 길에 찾아오는 행복을 기꺼이 받아들이기만 한다면 모두에게 돌아갈 만큼 충분해요. 비결은 오직 유연해지는 것뿐이에요."

진 웹스터

012

《사양》

도대체 나는 그동안 무엇을 하고 있었던 걸까.

혁명을 동경한 적도 없었고, 사랑조차 몰랐다. 지금까지 세상의 어른들은 우리에게 혁명과 사랑, 이 두 가지를 가장 어리석고 수상한 것이라고 가르쳤으며, 전쟁 전에도, 전쟁 중에도 우리는 그렇게 믿고 있었다. 하지만 패전 후 우리는 세상의 어른들을 신뢰하지 않게 되었고, 무엇이든 그 사람들이 하는 말의 반대쪽에 진정한 살 길이 있다는 생각이 들었다. 그리하여 혁명도 사랑도 사실은 이 세상에서 가장 좋고, 즐거운 일이라서, 너무나도 좋은 일이기 때문에 어른들은 짓궂게 우리에게 떫은맛이 나는 포도주라고 거짓말을 했음에 틀림없다고 생각하게 되었다.

나는 확신하고 싶다. 인간은 사랑과 혁명을 위해 태어난 것이다.

다자이 오사무

013

《위대한 개츠비》

내가 지금보다 젊고 유약하던 시절, 아버지는 내게 조언을 해주셨는데, 나는 그때부터 줄곧 그 말을 마음속에 간직하고 있다.
"누군가를 비판하고 싶은 마음이 들 때마다, 이 세상의 모든 사람들이 너처럼 유리한 입장에 서 있지는 않다는 걸 기억하거라."

F. 스콧 피츠제럴드

014

《이상한 나라의 앨리스》

앨리스가 나무 위에 앉아 있는 체셔 고양이에게 물었다.

"여기서 내가 어느 길로 가야 하는지 알려줄래?"

고양이가 대답했다. "그건 네가 어디로 가고 싶은가에 달렸지."

"어디든 상관없어." 앨리스가 대답했다.

"그렇다면 어느 쪽으로 가든 상관없지 않겠어?" 고양이가 말했다.

앨리스가 설명을 덧붙였다. "…어디든 도착만 한다면."

고양이가 말했다. "아, 넌 틀림없이 도착하게 되어 있어. 계속 걷다 보면 어디든 도착하게 되니까."

루이스 캐럴

015

《자기만의 방》

서두를 필요 없어요.

반짝일 필요 없어요.

나 아닌 다른 사람이 될 필요 없어요.

버지니아 울프

016

《크리스마스 캐럴》

그는 교회에 가고, 거리를 거닐며 사람들의 분주한 발걸음을 지켜보고, 아이들의 머리를 쓰다듬고, 거지들에게 말을 걸고, 거리에 늘어선 집들의 부엌을 내려다보거나 창문을 올려다보면서, 그 모든 것에서 기쁨을 느낄 수 있다는 사실을 발견했다. 그는 그 어떤 산책도, 그 어떤 것도 자신에게 이렇게 큰 행복을 줄 수 있으리라고는 꿈에도 생각하지 못했다.

찰스 디킨스

017

《키다리 아저씨》

"저는 모든 사람에게 가장 필요한 자질이 상상력이라고 생각해요. 상상력은 다른 사람의 입장이 되어볼 수 있게 해주거든요. 사람을 친절하고, 동정심 많고, 이해심 깊게 만들어요. 아이들은 반드시 상상력을 길러야 해요."

진 웹스터

018

《톰 소여의 모험》

톰은 자신도 모르는 사이에 인간의 행동에 대한 위대한 법칙을 하나 발견했다. 어른이든 아이든 무언가를 갖고 싶게 만들려면, 그게 무엇이든 간에 쉽게 얻을 수 없게 만들면 된다는 것이었다. 만약 그가 이 책을 쓴 작가처럼 위대하고 현명한 철학자였다면, '일'이란 누군가가 반드시 해야만 하는 것들이고, '놀이'란 꼭 하지 않아도 되는 것들이라는 걸 지금쯤 깨달았으리라.

왜 조화(造花)를 만드는 것이나 쳇바퀴를 돌리는 것은 일이 되고, 볼링을 치거나 몽블랑산을 오르는 것은 그저 오락거리에 불과한지를 이해했을 것이다. 영국에는 상당한 돈을 지불해야 하는 특권이라는 이유로, 여름이면 매일 사륜마차를 20~30마일이나 타고 다니는 부유한 신사들이 있다. 하지만 만약 그들이 이렇게 하는 대가로 돈을 받는다면, 그것은 곧바로 '일'이 되어버릴 테고, 그러면 부유한 신사들은 즉시 그것을 그만둘 것이다.

마크 트웨인

019

《안나 카레니나》

세상에는 자신에게 패배를 안겨준 경쟁자를 만났을 때, 상대방의 장점을 모두 외면하고 단점만을 보려는 사람들이 있다. 반대로 가슴이 저리도록 아픈데도 경쟁자에게 승리를 안겨준 장점들이 무엇인지 발견하고, 좋은 점만을 찾아내는 사람들이 있다. 레빈은 바로 그런 사람이었다.

레프 톨스토이

020

〈비에도 지지 않고〉

비에도 지지 않고

바람에도 지지 않고

눈에도 여름 더위에도 지지 않는

건강한 몸을 갖고

욕심 없는 마음으로

절대로 화내지 않고

언제나 조용히 웃고 있네

하루에 현미 4홉과

된장과 야채 조금을 먹고

모든 일에 자신의 이익을 챙기지 않으며

잘 보고, 잘 듣고, 잘 이해하고

그리고 잊지 않네

들판의 소나무 숲 그늘의

조그마한 이엉지붕 오두막집에 살며

동쪽에 아픈 아이가 있으면

가서 간호를 해주고

서쪽에 지친 어머니가 있으면

가서 볏단을 져주고

남쪽에 죽어가는 사람이 있으면

가서 두려워하지 마오, 라고 달래주고

북쪽에 싸움이나 소송이 있으면

별일 아니니 그만두라고 말리고

가물 때에는 눈물을 흘리고

냉해 든 여름에는 허둥지둥 걸으며

모두에게 얼간이라 불리고

칭찬도 받지 않고 미움도 받지 않는

그런 사람이

나는 되고 싶네

미야자와 겐지

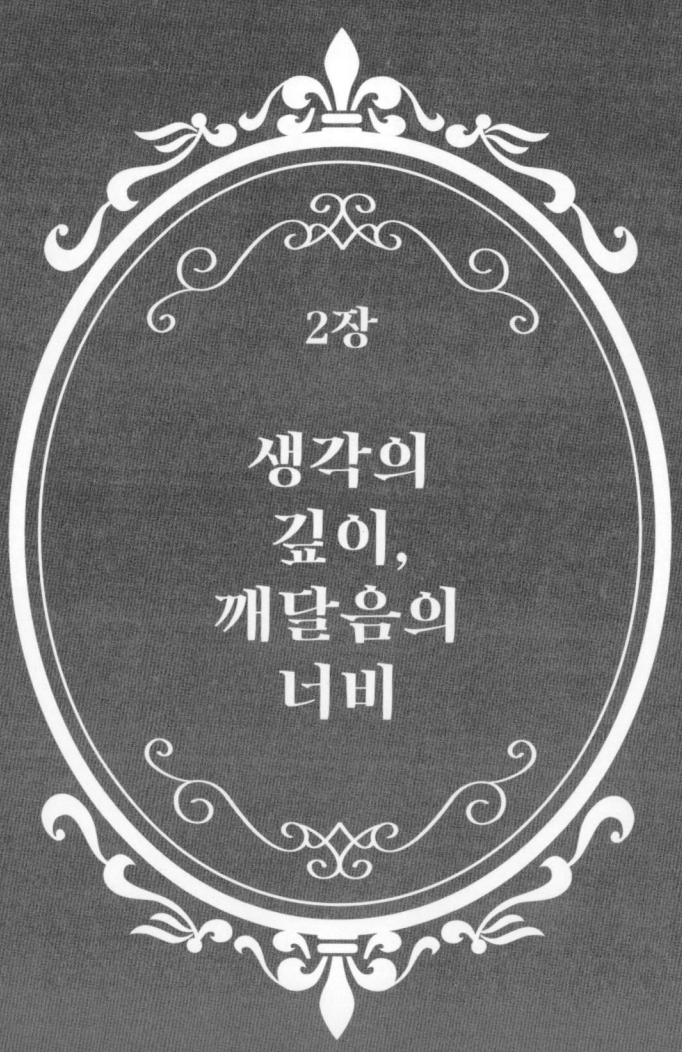

2장

생각의 깊이,
깨달음의 너비

021

《싯다르타》

지식은 전달할 수 있지만 지혜는 전달할 수 없다. 지혜는 깨닫는 것이고, 체험하는 것이고, 실천하는 것이다. 지혜를 통해 놀라운 일을 할 수는 있지만, 말로 표현하거나 가르칠 수는 없다.

헤르만 헤세

022

《주홍 글자》

거짓된 사람에게는 온 우주가 거짓되니, 그것은 만질 수 없는 것이 되고, 손에 쥐면 무(無)로 수축되어버린다. 그리고 자신의 잘못된 견해에 비추어볼 때, 그 자신도 그림자가 되거나, 존재하기를 멈추고 만다.

너새니얼 호손

023

《부활》

이 세상에서 가장 흔하고 널리 퍼져 있는 망상 중 하나는 모든 사람을 어떤 특정한 방식으로 규정할 수 있다고 믿는 것이다. 친절하다거나, 악하다거나, 어리석다거나, 활기차다거나, 무감각하다거나 하는 식으로 말이다. 그러나 인간은 이렇게 분류할 수 없다. 대신 우리는 어떤 사람이 잔인할 때보다는 친절할 때가 더 많고, 어리석을 때보다는 현명할 때가 더 많고, 무기력할 때보다는 활기 있을 때가 더 많다고, 혹은 그 반대라고 말할 수는 있다. 한 사람을 두고 그가 친절하거나 현명하다고, 또 다른 사람을 두고 그가 사악하거나 어리석다고 말하는 것은 결코 진실일 수 없다. 그럼에도 우리는 늘 이런 식으로 인류를 분류한다. 그것은 잘못된 것이다.

인간은 강물과도 같다. 강물은 어디서 흐르든 똑같은 물이지만, 어떤 곳에서는 좁아서 더 빠르게 흐르며, 넓은 곳에서는 고요하게 흐른다. 어느 곳에서는 맑거나, 차갑고, 어느 곳에서는 흐리거나, 따뜻하다.

레프 톨스토이

024

《허클베리 핀의 모험》

"혈족 간의 복수란 이런 거야. 한 사람이 다른 사람과 다퉈서 그를 죽이면, 그다음엔 죽은 사람의 형제가 그를 죽이는 거야. 그러면 양쪽의 다른 형제들이 서로를 쫓아다니고, 그다음엔 사촌들까지 끼어들어. 결국엔 모든 사람이 다 죽어 없어지면, 더 이상의 복수는 없게 되는 거야. 하지만 뭐랄까, 이건 좀 느리게 진행돼. 그래서 시간이 오래 걸리는 편이야."

마크 트웨인

025

《나는 고양이로소이다》

내 주인에게 있어 책이란 읽는 물건이 아니라, 잠을 부르는 도구인 듯하다. 활자로 된 수면제인 셈이다.

나쓰메 소세키

026

《돈 키호테》

이 삶에서의 일들이 언제나 같은 상태로 지속되리라 생각하는 것은 헛된 가정이다. 사실, 모든 것은 끊임없이 변화하며 순환하는 것처럼 보인다. 봄이 오면 여름이 따르고, 여름 뒤에는 가을이, 가을 뒤에는 겨울이 찾아오며, 겨울 뒤에는 다시 봄이 온다. 이렇게 시간은 영원히 순환한다. 그러나 인간의 삶은 시간보다도 더 빠르게 끝을 향해 달려가며, 다시 시작된다는 희망은 없다.

미겔 데 세르반테스

027

《군주론》

모든 군주는 잔인하다고 여겨지기보다는 자비롭다고 여겨져야겠지만, 그럼에도 불구하고 이 자비로움을 오용하지 않도록 주의해야 합니다. 체사레 보르자는 잔인하다고 여겨졌지만, 그의 잔인함은 로마냐를 안정시키고, 통합하고, 평화와 신뢰를 가져다주었습니다. 이를 고려하면, 잔인하다는 평판을 피하기 위해 피스토이아가 파괴되도록 내버려둔 피렌체 사람들보다 실제로는 그가 훨씬 더 자비로웠음을 알 수 있습니다.

따라서 군주는 신민을 단결시키고 신뢰를 유지하기 위해서라면 잔인하다는 비난을 받는 것에 개의치 않아야 합니다. 극히 적은 숫자를 본보기로 삼음으로써, 지나친 온정으로 인해 살인과 약탈이 발생하는 무질서를 허용하는 자들보다 더 자비로워지는 것입니다. 무질서는 대개 공동체 전체를 해치지만, 군주가 행하는 처형은 오직 개인들에게만 영향을 끼치기 때문입니다.

니콜로 마키아벨리

028

《로빈슨 크루소》

인생의 재난은 언제나 상류층과 하류층 모두에게 나누어져 있었다. 그러나 중산층이 겪는 불행이 가장 적었으며, 상류층이나 하류층보다 변덕스러운 운명에 덜 노출되어 있었다. 실제로 중산층은 지나친 사치와 방탕, 낭비로 인해 스스로 몸과 마음에 병을 자초하는 상류층이나, 혹은 필수품 부족과 고된 노동, 열악하고 불충분한 식사로 인해 병드는 하류층보다 신체적, 정신적으로 덜 고통받았다. 중산층의 삶은 모든 종류의 덕목과 즐거움을 위해 설계된 것처럼 보였다. 평화와 풍요는 중산층의 동반자였으며, 절제, 중용, 평온, 건강, 사회적 교유, 즐거운 오락과 모든 바람직한 즐거움이 중산층의 삶에 따르는 축복이었다.

대니얼 디포

029

《왕자와 거지》

"내가 다시 궁전으로 돌아가게 되면, 언제나 어린아이들을 존중할 거야. 내가 어려움에 처했을 때, 아이들이 나를 완전히 믿고 지지했다는 걸 기억할 거야. 반면에 나이 든 사람들은 자신이 더 현명하다고 여기며 나를 조롱하고 거짓말쟁이로 취급했어."

마크 트웨인

030

《레 미제라블》

"도둑이나 살인자를 두려워하지 마. 그들은 우리 외부에 있는 아주 사소한 위험일 뿐이야. 우리가 두려워해야 할 것은 바로 우리 자신이야. 편견이야말로 가장 무서운 도둑이며, 악덕이야말로 진정한 살인자야. 진정한 위험은 우리 내면에 있어. 우리의 머리나 지갑을 위협하는 자들보다 우리 영혼을 위협하는 것들을 더 걱정해야 해."

빅토르 위고

031

《리어 왕》

누더기 옷 아래서는 작은 악행도 드러나지만,

비단옷과 모피로 장식한 겉모습은 모든 것을 감춘다.

죄악을 황금으로 둘러싸면

날카로운 정의의 창도 그를 해치지 못하지만,

누더기로 둘러싸면

난쟁이의 짚 한 오라기로도 그를 꿰뚫는다.

윌리엄 셰익스피어

032

《오만과 편견》

"허영과 오만은 종종 같은 의미로 쓰이지만 서로 달라. 허영심 없이도 오만할 수 있지. 오만은 우리가 스스로를 어떻게 생각하는지와 더 관련이 있고, 허영은 다른 사람들이 나를 어떻게 생각하기를 바라는지와 관련이 있어."

제인 오스틴

033

《걸리버 여행기》

그들은 사람들이 함께 모였을 때 짧은 침묵이 대화를 훨씬 낫게 한다고 생각했다. 나는 이것이 사실임을 알게 되었다. 잠시 침묵하는 동안 마음속에 새로운 생각이 떠올랐고, 이후 대화가 무척이나 활기를 띠었기 때문이다.

조너선 스위프트

034

《동물농장》

모든 동물은 평등하다.
그러나 어떤 동물은 다른 동물들보다 더 평등하다.

조지 오웰

035

《도련님》

솔직히 고백하자면, 나는 용기는 있지만 그에 비해 지혜가 부족하다. 이런 때에는 도대체 어떻게 해야 좋을지 전혀 알 수가 없다. 알수는 없지만 결코 질 생각은 없다. 이대로 물러서면 내 체면이 깎이는 일이니까. 도쿄에서 나고 자란 탓에 패기가 없군, 하는 말을 들을 수는 없다. 숙직을 서다가 코흘리개들에게 놀림을 당하고, 어찌할 바를 몰라 울며 들어가버렸다고 소문이 난다면 평생의 치욕이다. 이래봬도 나는 원래 하타모토 출신이다. 하타모토의 혈통은 세이와 겐지이고, 다다노 만주의 후예다. 이런 평민들과는 태생부터 다르다. 다만 지혜가 부족한 것이 아쉬울 뿐이다.

어떻게 해야 좋을지 몰라 난감할 뿐이다. 난감하지만 결코 질 생각은 없다. 정직하기 때문에, 어떻게 해야 좋을지 모르는 것이다. 이 세상에 정직함 외에 달리 이기는 것이 있는지 생각해보라. 오늘 밤 이기지 못하면 내일 이기고, 내일 이기지 못하면 모레 이기면 된다. 모레도 안 되면 하숙집에서 도시락을 가져오라고 하여 이길 때까지 여기서 버틸 것이다.

나쓰메 소세키

036

《데미안》

깨달음을 얻은 사람에게는 단 하나의 의무만이 있다.
바로 자기 자신으로 가는 길을 찾고, 내면의 확신에 도달하며,
그 길이 어디로 이끌든 앞을 더듬으며 나아가는 것이다.

헤르만 헤세

037

《더버빌가의 테스》

도덕적인 여자란 도대체 무엇인가? 한 인물의 아름다움이나 추함은 그 행실에만 있는 것이 아니라, 목적이나 동기에도 달려 있다. 그 인물의 진정한 성격은 이루어진 일들이 아니라, 의도한 일들 속에 있다.

토머스 하디

038

《오즈의 마법사》

"오로지 경험을 통해 지식을 얻을 수 있단다.
너는 이 땅에 오래 살면 살수록 더 많은 경험을 얻게 될 거야."

L. 프랭크 바움

039

《도리언 그레이의 초상》

아름다운 것들에서 추한 의미를 찾는 사람들은 전혀 매력이 없는 그저 타락한 존재다. 이것은 결점이다. 아름다운 것들에서 아름다운 의미를 찾는 사람들이야말로 교양 있는 존재다. 이들에게는 희망이 있다. 이들은 아름다운 것을 오로지 아름다움으로 받아들이는 선택 받은 자들이다.

오스카 와일드

040

《군주론》

우리가 '살아가는 방식'은 '마땅히 살아야 할 방식'과 너무나 동떨어져 있어서, 실제로 행하는 일과 해야 할 일을 구분하지 못하면 권력을 유지하지 못하고 오히려 멸망을 초래합니다. 모든 면에서 선함을 추구하려는 사람은 그렇게 하지 않는 다수 속에서 실패할 수밖에 없지요. 따라서 군주가 지위를 유지하고자 한다면, 선하지 않은 법을 배워야 하며, 필요에 따라 그것을 사용하거나 사용하지 않을 줄 알아야 합니다.

상상 속 군주에 관한 것들은 제쳐두고 실제 문제에 대해 논의하자면, 모든 사람, 특히 (더 높은 위치에 있는) 군주는 그의 특질 때문에 칭찬이나 비난을 받습니다. 누군가는 관대하다고 평가받고, 누군가는 인색하다고 평가받지요. 또 누군가는 아낌없이 주는 사람이라고, 다른 누군가는 탐욕스러운 사람이라고 평가받습니다. 누구는 잔인하다고, 누구는 자비롭다고, 누구는 약속을 저버리는 사람이라고, 누구는 신실하다고, 누구는 나약하고 겁이 많으며, 누구는 사나우며 기개가 높다고, 누구는 인간적이고, 누구는 교만하고, 누구는 음탕하고, 누구는 정숙하고, 누구는 솔직하고, 누구는 교활하고, 누구는

완고하고, 누구는 유연하고, 누구는 진지하고, 누구는 경박하고, 누구는 신앙심이 깊고, 누구는 신심이 없다 등등….

위의 자질 중에서 좋다고 생각하는 것들을 군주가 갖춘다면 그야말로 칭찬받고 인정받을 것입니다. 하지만 인간의 조건이 허락하지 않아 이 모든 것을 다 갖추거나 지킬 수는 없으므로, 군주는 국가를 위험에 빠뜨리는 악덕의 불명예는 피하고, 그리 위험하지 않은 악덕이라 해도 가능하면 피해야 합니다. 하지만 만약 후자에 대해서는, 불가능하다면 크게 신경 쓰지 말고 그냥 내버려두십시오.

나아가 국가를 지키기 위해 그런 악덕들이 필요하다면, 악덕을 행함으로써 불명예스러워진다 해도 개의치 말아야 합니다. 잘 생각해보면, 미덕처럼 보이는 어떤 것들도 그것을 따를 경우 파멸에 이르게 되고, 악덕으로 보이는 어떤 것들은 그것을 따를 경우 더 큰 안전과 번영을 가져다줄 수 있기 때문입니다.

니콜로 마키아벨리

3장

사랑의 기쁨과 슬픔

041

《젊은 베르테르의 슬픔》

"때로는 다른 누군가가 그녀를 사랑할 수 있다는 사실을, 누군가가 그녀를 사랑하는 일이 허용된다는 사실을 이해할 수 없다네. 내가 이토록 그녀를 너무나도 완벽하게, 강렬하게, 온전히 사랑하는데. 나는 오로지 그녀 외에는 아무것도 알지 못하고, 이해하지 못하고, 오로지 그녀 말고는 가진 것도 없는데!"

요한 볼프강 폰 괴테

042

《보바리 부인》

그러나 그녀의 마음 깊은 곳에서는 무언가 사건이 일어나기를 기다리고 있었다. 난파된 선원들처럼, 그녀는 절망 어린 눈으로 자신의 고독한 삶을 바라보며 아득히 먼 수평선의 짙은 안개 속에서 흰 돛이 나타나기를 기다리고 있었다. 그녀는 그 기회가 무엇일지, 어떤 바람이 그것을 그녀에게 데려다줄지, 어떤 해안으로 그녀를 떠밀고 갈지, 그것이 고통을 실은 작은 배일지 아니면 행복으로 가득 찬 커다란 배일지 알지 못했다. 그러나 매일 아침 눈을 뜰 때면, 그녀는 그날 그 기회가 오기를 바라는 것이었다.

귀스타브 플로베르

043

《에이번리의 앤》

길버트의 시선을 받은 그 순간, 앤의 심장이 이상하게 떨렸다. 앤은 처음으로 길버트의 눈길을 마주하지 못한 채 눈길을 떨구었다. 창백했던 앤의 얼굴이 장밋빛으로 물들었다. 마치 그동안 앤의 마음을 가리고 있던 베일이 걷히면서, 미처 몰랐던 감정들과 진실이 드러난 것만 같았다.

어쩌면 사랑이란 백마 탄 기사처럼 화려하고 웅장한 나팔 소리와 함께 삶 속으로 들어오는 게 아닐지도 모른다. 어쩌면 오랜 친구처럼 조용한 길을 따라 살며시 다가오는 것일지도 모르고, 어쩌면 처음엔 평범한 산문처럼 보이다가, 어느 순간 비치는 깨달음의 빛줄기가 그 속에 숨어 있던 리듬과 음악을 드러내는 것일지도 모른다. 어쩌면… 어쩌면… 사랑이란 초록색 꽃받침에서 황금빛 심장을 품은 장미가 피어나듯, 아름다운 우정에서 자연스럽게 피어나는 것일지도 모른다.

루시 모드 몽고메리

044

《닥터 지바고》

그들은 서로를 사랑했지만, 필요에 의해, 혹은 종종 사랑이라 착각되는 '타오르는 열정'에 의해 사랑한 것이 아니었다. 그들은 주위의 모든 것이 그 사랑을 원했기에 사랑한 것이었다. 그들 머리 위의 하늘과 구름, 나무와 그들 발밑의 땅이 모두 그 사랑을 원했기 때문에 사랑을 했다.

보리스 파스테르나크

045

《로미오와 줄리엣》

그가 죽으면,

그를 데려가 작은 별들로 조각조각 잘라주렴.

그는 하늘을 너무도 환하게 비춰서

세상이 모두 밤을 사랑하게 될 거야.

그리고 찬란한 태양에게는 더는 경배를 바치지 않겠지.

윌리엄 셰익스피어

046

《젊은 베르테르의 슬픔》

"잠자리에 들 때 다시는 눈뜨고 깨어나지 않기를 내가 얼마나 바라는지. 때로는 이 염원이 진심으로 이루어지기를 기대한다네. 그러다 아침에 눈을 뜨면, 다시 한 번 태양을 보고, 비참한 심정이 드네.

오, 차라리 내가 변덕스럽다면, 날씨를 탓하거나, 다른 사람을 탓하거나, 혹은 계획이 어긋난 데 대한 실망감을 핑계로 내 불만족스러운 마음을 설명할 수 있겠지. 그러면 이 견딜 수 없는 고통의 짐도 절반은 가벼워질 텐데. 하지만, 아아! 슬프게도 나는 선명히 알고 있다네. 모든 죄는 나 자신에게 있다는 것을. 아니, 죄가 아닐세!

예전에, 내 가슴속에 모든 즐거움의 원천이 있었듯, 지금은 온갖 불행의 원인이 내 안에 숨어 있는 걸세. 한때 과도한 행복을 누렸던, 걸음마다 천국이 눈앞에 펼쳐지며 온 세상을 향해 마음이 활짝 열렸던 그 존재가 바로 나 아니던가? 그러나 그 마음이 이제는 죽어버려 어떤 환희도 흘러나오지 못하게 되었네. 내 눈은 메마르고, 부드러운 눈물로 생기를 얻지 못하는 내 감각들은 불안한 생각들로 내 이마를 찌푸리게 한다네."

요한 볼프강 폰 괴테

047

《어린 왕자》

"네가 날 길들인다면 내 삶이 태양이 비치듯 환해질 거야. 다른 발소리들과 구별되는 한 가지 발소리를 알게 되는 거지. 다른 발소리가 나면 나는 급히 땅 밑으로 숨어. 그러나 너의 발소리는 마치 음악처럼 나를 굴에서 나오게 만들 거야. 그리고 봐봐. 저 밀밭 보이지? 나는 밀을 먹지 않으니 밀은 내게 쓸모가 없어. 밀밭은 내게 아무 의미가 없다는 말이야. 그건 슬픈 일이야. 하지만 너의 머리카락이 금빛이야. 네가 날 길들이면 얼마나 멋질지 한번 생각해봐! 너의 머리카락과 같은 금빛 밀밭을 볼 때면 나는 네 생각이 날 거야. 그러면 나는 밀밭을 스치는 바람 소리까지 사랑하게 될 거야…"

앙투안 드 생텍쥐페리

048

《위대한 유산》

"널 잊는다고! 넌 내 생명의 일부, 나의 일부야. 여기 처음 왔을 때부터, 내 마음에 상처가 많았던 그 시절부터, 너는 내가 읽었던 모든 문장에 있었어. 강과 돛단배, 습지, 구름, 빛과 어둠, 바람, 숲, 바다, 거리, 모든 풍경에 네가 있었어. 너는 내 머릿속에 떠오른 온갖 우아한 상상의 구현체였어. 너의 존재와 영향력은 런던에서 가장 튼튼한 건물의 돌보다 더 견고해서 어떤 것으로도 흔들리지 않았어. 앞으로도 그럴 거야. 에스텔라, 내 인생의 마지막 순간까지 너는 나의 일부로 남을 거야. 나에게 조금 있는 선함과 악함의 일부로 말이야."

찰스 디킨스

《폭풍의 언덕》

"내가 이 세상에서 겪는 커다란 고통은 히스클리프의 고통이야. 나는 그 고통을 처음부터 지켜보며 느껴왔어. 내 삶에서 가장 커다란 생각은 히스클리프 그 자체야. 만약 모든 것이 사라지고 그가 남아 있다면, 나는 여전히 살아갈 거야. 그러나 모든 것이 남아 있고 그가 사라진다면, 이 세상은 나에게 낯선 타인이 되어버릴 거야. 나는 세상의 일부로 느껴지지도 않을 거야.

히스클리프에 대한 나의 사랑은 영원한 바위와도 같아. 눈에 보이는 기쁨은 없더라도 꼭 필요한 존재인 거야. 넬리, 나는 히스클리프야! 그는 언제나, 항상 내 마음속에 있어. 그것이 기쁨이 아니라는 건 나도 마찬가지야. 내가 항상 나에게 기쁨이 되지 않듯이, 그는 그저 존재 그 자체로 내 안에 자리하고 있어."

에밀리 브론테

050

《로미오와 줄리엣》

"오 로미오, 로미오, 왜 당신은 로미오인가요? 당신의 아버지를 부인하고 당신의 이름을 거부하세요. 당신의 이름만이 내 원수랍니다. 몬터규라는 이름이 아니어도 당신은 당신이죠. 몬터규가 무엇인가요? 그것은 손도 아니고, 발도 아니고, 팔도 얼굴도, 사람에게 속한 다른 어떤 부분도 아니에요. 아, 제발 다른 이름이 되어주세요. 이름에 무엇이 들어 있나요? 우리가 장미라고 부르는 그 꽃을 다른 이름으로 부르더라도 향기는 똑같이 달콤할 거예요. 로미오가 로미오라고 불리지 않더라도, 이름과 상관없이 그가 가진 그런 고귀한 완벽함은 그대로 간직했을 거예요. 로미오, 당신의 이름을 벗어던지고, 당신의 어떤 부분과도 상관없는 당신의 이름 대신 저를 전부 가져가세요."

윌리엄 셰익스피어

051

《닥터 지바고》

"만일 당신에게 불평할 것도, 후회할 것도 없었다면, 내가 이렇게 당신을 사랑할 수 있었을지 모르겠소. 나는 한 번도 넘어지거나 실수하지 않은 사람들을 좋아하지 않아요. 그들의 미덕에는 생명력이 없고 그렇기에 별 가치도 없지요. 그들은 삶이 가진 아름다움을 보지 못한 사람들입니다."

보리스 파스테르나크

052

《더버빌가의 테스》

모든 것을 잘 계획해도 잘못 실행되면 기대하던 성과를 얻을 수 없는 것처럼, 사랑할 사람과 사랑할 시기가 일치하는 경우는 좀처럼 드물다. 자연은 좋은 결과로 이어질 수 있는 순간에도 불쌍한 피조물에게 "이때다!"라고 말하는 일이 드물다. 또한 숨바꼭질이 지루하고 낡은 게임이 되어버릴 때까지 "어디 있나요?"라는 인간들의 외침에 "여기!"라고 대답하지 않는다.

인류의 발전이 최고조에 다다르면 과연 이러한 시간의 엇갈림이 더 섬세한 직관이나 사회 구조의 상호작용을 통해 해결될 수 있을까? 그러한 완전함은 예측하기도 어렵고, 가능하다고 상상하기조차 힘들다.

지금의 경우 역시 수백만의 다른 경우들처럼, 완벽한 순간에 마주친 완벽한 한 쌍이 아니었을 뿐이다. 한쪽과 그 상대는 그저 어리석게도 서로 독립적으로 세상을 떠돌았고, 결국 늦은 시점에야 만나게 되었다. 그 어설픈 지체로 인해 불안, 실망, 충격, 비극, 그리고 이른바 '얄궂은 운명'이라 불리는 것이 싹텄다.

토머스 하디

053

《전쟁과 평화》

"인간적인 사랑으로 사랑할 때는 사랑이 증오로 변할 수 있어. 하지만 하나님의 사랑은 변할 수 없지. 그 무엇도, 죽음조차도 그것을 깨뜨릴 수 없어. 그 사랑이 바로 영혼의 본질이니까."

레프 톨스토이

054

《제인 에어》

"당신은 제가 자동인형이라고 생각하는 건가요? 감정 없는 기계라고요? 내 입술에서 빵을 낚아채고, 내 잔에서 생명의 물을 쏟아버리는데도, 제가 참을 거라고 생각하시나요? 내가 가난하고, 보잘것없고, 평범하고, 작다고 해서, 영혼도 마음도 없다고 생각하시나요? 당신은 잘못 생각하고 있어요. 저도 당신처럼 영혼이 있고, 똑같은 심장이 있어요! 만약 하나님께서 저에게 약간의 아름다움과 상당한 부를 주셨다면, 지금 내가 당신을 떠나기 힘든 것처럼 당신도 나를 떠나기 어렵게 만들었을 거예요. 저는 지금 관습이나 관례, 심지어 육신을 통해서 당신에게 말하고 있는 게 아니에요. 내 영혼이 당신의 영혼에게 말하는 거예요. 마치 우리 둘 다 무덤을 지나 하나님 발 앞에 서 있는 것처럼, 평등하게. 우리가 원래 그러하듯이!"

샬럿 브론테

055

《채털리 부인의 연인》

고독을 없애려 애쓰는 것은 소용없는 일이다. 우리는 평생 그것을 껴안고 살아가야만 한다. 다만 때때로, 그저 때때로, 그 공허가 채워질 뿐이다. 때때로!

그러니 그 순간이 올 때까지 기다려야만 한다. 당신의 고독을 받아들이고 평생 그것을 껴안으라. 그리고 그 공허가 채워지는 순간이 올 때, 그때 그것을 받아들이라. 하지만 그것은 스스로 와야만 한다. 누구도 강요할 수는 없다.

D.H. 로렌스

056

《설득》

"더 이상 침묵할 수 없어요. 제가 할 수 있는 방법으로 당신께 말씀을 드려야겠습니다. 당신은 제 영혼을 꿰뚫었어요. 저는 절반은 고통으로, 절반은 희망으로 차 있습니다.

제가 너무 늦었다거나, 그런 소중한 감정들은 영원히 사라졌다고 말씀하지 마세요. 8년 반 전, 당신이 저의 마음을 거의 무너뜨렸을 때보다 더욱 당신께 속한 마음으로 저를 다시 바칩니다.

남자가 여자보다 더 빨리 잊는다거나, 남자의 사랑은 더 일찍 식어버린다고 감히 말하지 마세요. 저는 당신 외에는 아무도 사랑한 적이 없습니다. 제가 부당했을 수도 있고, 나약하고 원망에 차 있었을지도 모릅니다. 하지만 결코 마음이 변한 적은 없었습니다."

제인 오스틴

057

《위대한 유산》

그날은 나에게 잊을 수 없는 날이었다. 나에게 큰 변화를 가져다준 날이니까. 하지만 어떤 삶이든 마찬가지다.

이 글을 읽는 당신도 잠시 멈추고 생각해보라. 철로 된 사슬이든, 금으로 된 사슬이든, 가시나 꽃으로 된 사슬이든, 아주 짧은 고리가 만들어진 어느 특별한 날이 아니었다면 기다란 사슬은 결코 당신을 얽어매지 못했을 것이다. 지난날의 첫 번째 고리가 없었다면 당신의 삶의 경로가 얼마나 달라졌을까.

찰스 디킨스

058

《도리언 그레이의 초상》

어린이들은 부모를 사랑하는 것으로 삶을 시작해,
자라면서 점점 부모를 판단하게 되고,
때로는 부모를 용서한다.

오스카 와일드

059

《행복한 왕자》

행복한 왕자가 말했다. "저 아래 광장에 작은 성냥팔이 소녀가 있어. 그런데 그만 성냥개비를 도랑에 떨어뜨려 모두 못 쓰게 되어버렸단다. 아버지에게 맞을까봐 소녀는 울고 있어. 그녀에게는 신발도 양말도 없고, 조그만 머리에는 아무것도 쓰지 않았단다. 마지막 남은 내 눈을 뽑아 소녀에게 가져다주렴. 그러면 아버지가 소녀를 때리지 않을 거야."

"오, 왕자님, 저는 하룻밤 더 당신 곁에 머물겠어요." 제비가 말했다. "하지만 당신의 눈을 뽑을 수는 없어요. 그러면 완전히 보지 못하게 되잖아요."

"제비야, 작은 제비야." 왕자가 말했다. "내 부탁을 들어주렴."

그래서 제비는 왕자의 눈을 뽑아 소녀에게 날아 내려갔다. 성냥팔이 소녀 곁을 휙 스쳐가며 보석을 손바닥 위에 살짝 얹어주었다. "참 예쁜 유리 조각이네." 소녀는 웃으며 집으로 달려갔다.

제비는 왕자의 곁으로 돌아와 말했다. "이제 당신은 앞을 볼 수가 없어요. 그러니 제가 끝까지 당신과 함께 있겠어요."

오스카 와일드

060

〈애너벨 리〉

옛날 옛적 바닷가의 한 왕국에
애너벨 리라는 이름의 소녀가 살았네.
그 소녀는 오직 하나의 생각만을 품고 살았지,
나를 사랑하고, 나에게 사랑받는 것.

그때 나는 어린아이였고 그녀도 어린아이였네,
그 바닷가 왕국에서.
우리는 사랑했네, 사랑 이상의 사랑으로…
나와 나의 애너벨 리는.
하늘의 날개 달린 천사들마저
우리의 사랑을 시기했지.

그 이유로 그 옛날, 그 바닷가 왕국에
구름에서 바람이 불어와,
나의 아름다운 애너벨 리를 차갑게 얼어붙게 했네.
그리하여 고귀한 친척들이 그녀를 데려가

바닷가 왕국의 무덤 속에 가두었네.

천국에 있지만
우리보다 반쯤도 행복하지 않았던 천사들은
나와 그녀를 질투했지…
그래, 그래서였네 (모두가 아는 바처럼,
그 바닷가 왕국에서)
밤에 구름에서 바람이 불어와
나의 애너벨 리를 싸늘하게, 그리고 죽게 했지.

하지만 우리 사랑은 그들보다 훨씬 강했네…
나이 많고, 우리보다 훨씬 지혜로운 사람들의 사랑보다도…
위쪽 하늘의 천사들도,
바다 아래 악마들도,
결코 나의 영혼을 그녀의 영혼으로부터
떼어놓을 수 없으리, 아름다운 애너벨 리로부터.

달이 비칠 때마다 나의 꿈속에 찾아오는

아름다운 애너벨 리,
별이 떠오를 때마다 나는 느끼네.
아름다운 애너벨 리의 반짝이는 눈동자를.
그렇게 온밤 나는 그녀 곁에 누워 있네…
나의 사랑, 나의 삶, 나의 신부,
그 바닷가 왕국의 무덤 속,
파도 소리 들리는 그녀의 무덤 곁에.

에드거 앨런 포

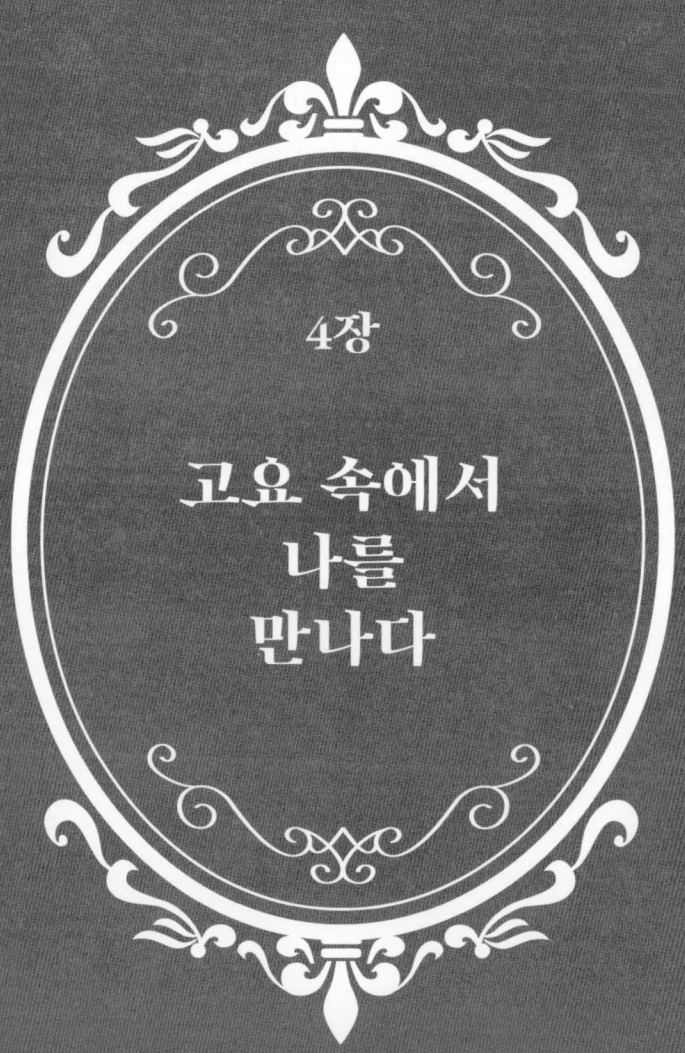

4장

고요 속에서
나를
만나다

061

《데미안》

우리가 보는 것들은 우리 안에 있는 것들과 같다. 우리 안에 담긴 것 외에 현실이란 존재하지 않는다. 그렇기에 많은 사람이 비현실적인 삶을 살아간다. 그들은 바깥의 이미지를 현실로 착각하고, 내면의 세계가 스스로 드러나도록 결코 허락하지 않는다.

헤르만 헤세

062

《카라마조프가의 형제들》

무엇보다 중요한 것은, 자기 자신에게 거짓말을 하지 않는 것입니다. 스스로를 속이고 그 거짓말을 듣는 사람은 결국 자기 내면의 진실도, 자기 주변의 진실도 구분할 수 없게 되어, 자신에 대한 존중과 타인에 대한 존중을 모두 잃어버립니다. 그리고 존중이 없어지면 사랑할 수 없게 됩니다.

표도르 도스토옙스키

063

《마음》

"한때 그 사람 앞에 무릎을 꿇었던 기억이, 이번에는 그 사람의 머리 위에 발을 올리게 만드는 법이네. 나는 훗날 그런 모욕을 당하지 않기 위해, 지금의 존경을 거부하고 싶네. 나는 미래에 지금보다 더 지독한 외로움을 참기보다 차라리 지금의 외로운 나를 견디고 싶어. 자유와 독립, 그리고 이기적인 자아로 가득찬 현대에 태어난 우리는, 그 대가로 모두 이 외로움을 맛보지 않으면 안 되겠지."
이런 각오를 가지고 살아가는 선생님에게, 나는 무슨 말을 해야 할지 알 수 없었다.

나쓰메 소세키

064

《허클베리 핀의 모험》

"난 누구도 비난하지 않아요. 그럴 수밖에 없지요. 냉혹한 세상이 나를 최악으로 끌고 간다 해도 괜찮아요. 한 가지 확실한 건 어딘가에 내가 묻힐 무덤이 있다는 겁니다. 세상은 늘 그래왔던 것처럼 계속 돌아가겠지요. 그리고 내게서 모든 걸 앗아갈 겁니다. 사랑하는 사람들, 재산, 모든 것을.

하지만 그 무덤만은 앗아갈 수 없어요. 언젠가 나는 그곳에 누워 모든 것을 잊을 것이고, 나의 가련하고 상처받은 마음은 마침내 안식을 얻을 것입니다."

마크 트웨인

065

《프랑켄슈타인》

"저주받으리로다, 내가 생명을 받은 그날이여!"
나는 고통스럽게 외쳤다.
"저주받을 창조주여! 당신은 왜 당신조차도 혐오스러워 등을 돌릴 만큼 흉측한 괴물을 만들었습니까? 신은 연민을 갖고 자신의 형상을 따라 인간을 아름답고 매혹적으로 만들었지만, 내 모습은 추악한 당신의 모습이고, 당신과 닮은꼴이기에 더욱 끔찍하기만 합니다. 사탄에게는 그를 찬미하고 격려하는 동료 악마들이라도 있었지만, 나는 홀로 미움받을 뿐입니다."

메리 셸리

066

《돈 키호테》

"그렇다 해도 자네가 알아둬야 할 것은, 세월과 함께 잊히지 않는 기억은 없고, 죽음과 함께 끝나지 않는 고통은 없다는 걸세."

미겔 데 세르반테스

067

《마음》

"나는 외로운 사람이오."
그날 밤에도 선생님은 이전에 했던 말을 반복했다.
"그런데 어쩌면 당신도 역시 외로운 사람 아닐까요? 나는 나이 든 사람이라 내 외로움과 조용히 함께 살아갈 수 있지만, 당신은 젊으니 그렇게 하긴 어렵겠지요. 때로는 그 외로움과 싸우고 싶을 테지."
"저는 전혀 외롭지 않습니다."
"젊음이야말로 가장 외로운 법이지요. 그렇지 않다면 왜 당신이 이렇게 자주 나를 찾아오겠소?"
여기서도 이전에 했던 이야기가 다시 나왔다.
"하지만 분명, 나를 만나도 당신은 외로움에서 벗어날 수 없을 거요. 나에게는 당신의 외로움을 잊게 해줄 만한 힘이 없으니까. 당신이 찾는 위안은 다른 곳에서 찾아야 할 거요. 그리고 곧, 당신은 더 이상 우리 집 쪽으로는 발걸음을 하지 않겠지요."
이 말을 하며 선생님은 슬프게 미소 지었다.

나쓰메 소세키

068

《작은 아씨들》

"내 딸아, 너를 괴롭히는 인생의 고난과 유혹은 이제 시작이고, 앞으로 더 많아질 거야. 하지만 네가 지상의 아버지에 대해 느끼는 것처럼 하늘에 계신 아버지의 힘과 따뜻함을 느낄 수 있는 방법을 배운다면, 너는 그 모든 것을 이겨내고 극복할 수 있을 거야. 그분을 더 사랑하고 신뢰할수록, 너는 그분의 존재를 더 가까이 느낄 수 있고, 인간의 나약한 힘과 지혜에 덜 기대게 될 거란다. 그분의 사랑과 보살핌은 결코 지치지 않고 변함이 없으며, 절대 누군가가 빼앗아가지도 않아. 오히려 평생에 걸쳐 평화와 행복, 그리고 힘의 원천이 돼. 이걸 진심으로 믿고, 네가 엄마에게 털어놓는 것처럼 모든 작은 걱정과 희망, 죄와 슬픔을 자유롭게 털어놓고 신뢰하는 마음으로 하나님께 나아가렴."

루이자 메이 올콧

069

《리어 왕》

이것이 세상의 훌륭한 허풍이로다. 불운에 빠질 때면(대개 우리 자신의 과오로 말미암아 그렇게 되는데), 우리는 태양과 달과 별들을 재앙의 원인으로 만든다. 마치 우리가 필연적으로 악당이 되고, 하늘의 강요로 바보가 되며, 천체의 지배로 사기꾼과 도둑과 배신자가 되고, 행성의 영향력에 강제 순종하여 술주정뱅이, 거짓말쟁이, 간음자가 된 것처럼 말이다. 그리고 모든 악행을 신의 강제적인 개입 때문이라 한다. 자신의 호색한 성향을 별 탓으로 돌리는 자, 참으로 교묘한 회피가 아닌가! 내 아버지는 용자리의 꼬리 아래서 어머니와 관계를 가졌고, 내가 탄생한 것은 큰곰자리 아래였으니, 그래서 내가 거칠고 음란한 것이라 한다. 하늘에서 가장 순결한 별이 내가 사생아가 될 때 반짝였다 해도, 나는 지금의 내가 되었을 것이다.

윌리엄 셰익스피어

070

《어린 왕자》

"누구나 별을 보지만 다 같지는 않아. 여행가들에게 별은 안내자이지만 다른 사람들에게는 작은 빛에 불과해. 학자들에게는 숙제겠지. 내가 만났던 사업가에게는 돈이고. 저 별들은 아무 말도 안 해. 오로지 아저씨만이 누구도 갖지 못한 별을 갖게 될 거야…"

"무슨 뜻이니?"

"저 별들 중 하나에 내가 살잖아. 그곳에서 내가 웃을 거고. 그러면 아저씨가 밤하늘을 볼 때면 모든 별이 다 웃고 있는 것처럼 보일 거야…. 오직 아저씨만이 웃을 줄 아는 별을 갖게 되는 거야!"

어린 왕자는 다시 웃었다.

앙투안 드 생텍쥐페리

071

《페스트》

세상의 악은 거의 무지에서 비롯되며, 선의도 깨우침이 없다면 악의 만큼이나 크게 해를 끼칠 수 있다. 사람들은 대개 악하기보다는 선하지만, 사실 그것이 문제는 아니다. 다만 그들이 어느 정도 무지한 존재라는 것이 문제다. 이를 사람들은 악덕이나 미덕이라 부르는데, 가장 끔찍한 악덕은 모든 것을 안다고 여기는 무지이며, 그것이 결국 그에게 살인의 정당성을 부여하는 것이다. 살인자의 영혼은 눈이 멀어 있고, 가능한 한 명확하게 통찰하지 않으면 참된 선이나 아름다운 사랑은 존재할 수 없다.

알베르 카뮈

072

《누구를 위하여 종은 울리나》

"우리의 지식은 알아야 할 것들에 비하면 얼마나 적은가. 나는 오늘 죽는 대신 오래 살고 싶다. 이 나흘 동안 인생에 대해 많은 것을 배웠기 때문이다. 아마도 지금까지 살아온 모든 시간보다 더 많이 배운 것 같다. 진정으로 알기 위해 나이 들고 싶다. 사람은 계속해서 배워나갈 수 있는 것인지, 아니면 각자가 이해할 수 있는 양이 정해져 있는 것인지 궁금하다. 내가 많은 것을 안다고 생각했는데, 사실은 아무것도 모르고 있었다. 좀 더 시간이 있으면 좋으련만."

어니스트 헤밍웨이

073

《노인과 바다》

그는 멕시코 만류에서 작은 보트를 타고 홀로 낚시를 하는 노인이었고, 지금까지 84일 동안 고기를 한 마리도 잡지 못했다. 처음 40일 동안은 한 소년이 그와 함께 있었지만, 40일이 지나도록 물고기가 잡히지 않자 소년의 부모는 노인이 이제 완전히 운이 다한 사람, 즉 '살라오salao'가 되었다고 말하며 소년을 다른 배로 보내버렸다. 그 배는 첫 주에 세 마리의 좋은 물고기를 잡았다. 소년은 노인이 매일 빈손으로 돌아오는 것을 보고 슬펐고, 항상 노인을 도와주기 위해 줄을 감거나 갈고리와 작살, 그리고 마스트에 감긴 돛을 들어주었다. 그 돛은 밀가루 자루로 덧대어져 있었는데, 마치 영원한 패배의 깃발처럼 보였다.

어니스트 헤밍웨이

074

《카라마조프가의 형제들》

인류 전체를 사랑하면 할수록, 나는 개개인으로서의 인간은 덜 사랑하게 된다. 꿈속에서 나는 자주 인류를 위한 봉사 계획을 세우고, 만일 어떤 때에 갑자기 그럴 필요가 생긴다면 십자가에 못 박히는 일도 감내할 수 있을 듯한 심정이 든다. 하지만 나는 상대가 누구든 간에 단 이틀도 한 방에서 같이 지낼 수가 없다. 이건 경험에서 나온 말이다. 누군가가 내 곁에 가까이 다가오기만 하면, 그의 개성이 나를 불편하게 하고 내 자유를 제한한다. 만 하루가 지나기도 전에 나는 아무리 훌륭한 사람이라 해도 미워하기 시작한다. 식사를 너무 오래 한다든가, 감기에 걸려 쉬지 않고 코를 푼다든가 하는 이유로. 누구든 나를 조금이라도 건드리면, 그 순간 나는 그들에게 적대적이 된다. 하지만 늘 그래왔듯이, 개개인으로서의 인간을 더 미워할수록 인류에 대한 나의 사랑은 더욱 타오르곤 한다.

표도르 도스토옙스키

075

《파우스트》

당신이 그것을 진정으로 느낄 수 없다면,

그것이 영혼에서 솟아나지 않는다면,

가장 단순한 방식으로

모든 청중의 마음 가장 깊은 곳까지 움직이지 못한다면,

당신은 영원히 앉아서 조각들을 붙이기나 할 테고,

다른 이들의 음식 찌꺼기로 만든 스튜나 끓이며,

죽어가는 잿더미에서 피어나는

보잘것없는 불꽃이나 불어대게 될 것이오.

그래 봤자 원숭이들과 아이들이나 당신의 예술을 칭찬하겠지,

물론 그들의 찬사가 당신의 입맛에 맞는다면 나도 할 말은 없소.

하지만 당신은 결코 다른 이의 마음을 사로잡진 못할 것이오,

그것이 당신 마음속 깊은 곳에서 우러나온 것이 아니라면.

요한 볼프강 폰 괴테

076

《싯다르타》

"어떤 사람이 무언가를 찾으려 하면, 그의 눈은 그가 찾는 것만을 보게 되기 쉽습니다. 그는 자신이 찾는 것만을 생각하고, 하나의 목표만을 가지고 있으며, 그 목표에만 사로잡혀 있기 때문에, 아무것도 발견할 수 없고, 아무것도 받아들일 수 없게 됩니다. 찾는다는 것은 목표를 갖고 있다는 뜻입니다. 하지만 깨닫는다는 것은 자유로워진다는 것, 열린 마음을 가진다는 것, 목표가 없다는 것을 의미합니다."

헤르만 헤세

077

《안나 카레니나》

행복한 가정은 모두 비슷비슷하지만,
무릇 불행한 가정은 각각 자기 방식대로 불행하다.

레프 톨스토이

078

《동물농장》

인간은 생산하지 않고 소비하는 유일한 생물이다. 그는 우유를 내지 않고, 달걀을 낳지도 않으며, 쟁기를 끌어당길 만큼 힘이 강하지도 않고, 토끼를 잡을 만큼 빨리 달릴 수도 없다. 그럼에도 불구하고 그는 모든 동물의 주인이다. 그는 동물들을 일하게 하고, 동물들이 굶어 죽지 않을 만큼 최소한만 돌려주며, 나머지는 모두 자기가 가져간다.

조지 오웰

079

《지킬 박사와 하이드》

날마다 나는 내 지성의 양 측면에서, 즉 도덕적 측면과 지적 측면에서 점점 더 진실에 가까워지고 있었다. 그리고 그 발견한 진실의 한 부분으로 인해 나는 끔찍한 파멸을 맞이할 수밖에 없었다. 그것은 바로, 인간이 단순히 하나가 아니라, 진정으로 둘이라는 것이었다.

나는 내가 가진 성격의 특질로 인해 한 방향으로, 오직 한 가지 방향으로만 전진해왔다. 그것은 도덕적 측면이었으며, 그 경험 안에서 나는 나라는 인간의 근본적이고 철저한 이중성을 깨닫게 되었다. 내 의식 속에는 서로 갈등하는 두 개의 본성이 있으며, 내가 그중 어느 하나라고 정의될 수 있다 해도, 그것은 내가 근본적으로 두 가지 모두이기 때문이었다.

과학적 발견의 과정이 이러한 기적의 가능성을 암시하기 훨씬 전에도 나는 이 두 요소의 분리에 대한 즐거운 몽상을 하곤 했다. 만약 각각이 별개의 정체성으로 분리될 수 있다면, 견딜 수 없는 모든 삶의 괴로움에서 해방되지 않을까? 불의한 자는 그의 고결한 쌍둥이의 열망과 자책에서 벗어나 자기만의 길을 가고, 정의로운 자는 더 이상 이질적인 악마로 인해 치욕과 참회에 빠지지 않고, 그만의 즐

거움을 찾는 선행을 하며 꿋꿋이 나아갈 수 있을 것이다. 하지만 이렇게 서로 모순되는 덩어리들이 결합되었다는 것이 인간이 받은 저주였다. 의식의 고통 속에서 극과 극인 쌍둥이가 끊임없이 싸우고 있는 것이다. 그렇다면, 이들을 어떻게 분리할 수 있을까?

로버트 루이스 스티븐슨

080

《프랑켄슈타인》

완벽한 인간이라면 언제나 평온하고 평화로운 마음을 지켜야 하며, 결코 걱정이나 일시적인 욕망이 그 평온함을 흐트러뜨리게 해서는 안 됩니다. 지식을 추구하는 것도 예외가 될 수는 없습니다. 만약 당신이 몰두하는 연구가 당신의 애정을 약화시키고, 순수한 마음으로 소박하게 즐거움을 누리는 취향을 파괴한다면, 그 연구는 분명 잘못된 것입니다. 다시 말해, 인간 정신에 걸맞지 않다는 뜻입니다.

만약 이 법칙이 항상 지켜졌더라면, 그래서 누구도 가정의 평온한 애정을 방해하는 목표를 뒤쫓도록 허락되지 않았더라면, 그리스는 노예국가가 되지 않았을 것이고, 카이사르도 조국을 지켰을 것이며, 아메리카는 더 늦게 발견되어 멕시코와 페루의 제국들은 멸망하지 않았을 것입니다.

메리 셸리

5장

고통을 지나 완성되는 삶

081

《인간실격》

부끄러움 많은 생애를 보냈습니다.

저는 인간의 삶이라는 것을, 도무지 이해할 수 없었습니다.

다자이 오사무

082

《변신》

어느 날 아침, 불안한 꿈에서 깨어난 그레고르 잠자는 자신이 한 마리 거대한 해충으로 변해 침대에 누워 있는 것을 발견했다. 그는 갑옷처럼 단단한 등을 대고 누워 있었다. 머리를 약간 들어 올리자 둥글게 부풀어 오른 갈색 배가 보였고, 불룩하고 딱딱한 배 위로 이불이 간신히 덮여 있었다. 그리고 그 옆으로는 몸집에 비해 비참할 정도로 가느다란 여러 개의 다리가 무기력하게 버둥거리고 있었다.

프란츠 카프카

083

《주홍 글자》

그녀를 여성으로 존재하게 하는 데 필수적이었던 어떤 속성이 그녀에게서 사라졌다. 이는 흔히 여성이 가혹한 경험을 마주하고 견뎌냈을 때 여성의 성격과 인격이 겪게 되는 커다란 변화이자 운명이다. 만약 그녀가 부드럽기만 하다면, 그녀는 죽고 말 것이다. 살아남는다고 해도, 그 부드러움은 그녀에게서 완전히 짓밟혀 사라지거나 (겉모습은 여전히 같지만) 너무나 깊이 그녀의 마음속으로 가라앉아 다시는 표면에 떠오르지 못하게 될 것이다.

너새니얼 호손

084

《죄와 벌》

"어쩌면 그 돈으로 수백, 수천의 생명이 올바른 길로 갈 수도 있고, 수십 가정이 빈곤과 분열, 파멸, 타락, 성병환자 수용소에서 구원받을 수도 있어. 이 모든 일들이 그 노파의 돈이 있으면 가능하단 말이야. 만약 전 인류와 공공사업을 위해 스스로를 헌신하겠다는 결심으로 노파를 죽이고 돈을 빼앗는다면? 어떻게 생각해? 작은 범죄 하나가 수천 가지 선한 일로 보상될 수는 없을까? 한 사람의 생명으로 수천 명의 삶이 파멸과 타락에서 구원을 얻게 되는 거야. 한 사람의 죽음 덕분에 수백 명의 생명이 다시 태어나는 셈인데, 간단한 산수 문제 아닌가 말이야! 그 허약하고 무지하고 간악한 노파의 목숨이 사회 전체의 무게에 비해 얼마큼의 가치가 있다고 생각해?"

표도르 도스토옙스키

085

《노인과 바다》

"하지만 인간은 패배하도록 만들어지지 않았어." 노인은 말했다. "인간은 파괴될 수는 있을지언정 패배하진 않아."

물고기를 죽여서 안됐지 뭐야, 그는 생각했다. 이제 어려운 시간이 다가오는데, 난 작살도 없으니. 덴투소 상어는 잔인하고 영리한 데다 강하기까지 하지. 그래도 내가 그놈보다 더 똑똑해.

아니, 어쩌면 그렇지 않을 수도 있겠군. 그놈보다 어쩌면 내가 좀 더 나은 무기를 가졌을 뿐일지도 몰라.

어니스트 헤밍웨이

086

《이방인》

오늘, 엄마가 죽었다. 아니, 어쩌면 어제였을지도. 양로원에서 전보가 왔다.
'모친 사망. 내일 장례. 진심으로 애도함.'
이것만으로는 알 수 없다. 아마도 어제였겠지.

알베르 카뮈

087

《인간실격》

서로를 기만하면서, 그러면서도 신기하게 아무런 상처도 입지 않고, 기만한다는 사실조차 모르는 듯한, 참으로 눈부신, 그야말로 맑고 밝고 환한 불신의 예시들이 인간의 삶 속에 가득 차 있는 것 같습니다. 그러나 저는 서로를 기만하는 데는 그다지 특별한 관심이 없습니다. 저 역시도 광대 짓에 의지하여 아침부터 저녁까지 인간을 기만하고 있으니까요. 저는 교과서적인 정의니 뭐니 하는 도덕에는 그다지 관심이 없습니다. 저에겐 서로를 기만하면서도 맑고 밝고 명랑하게 살아가는, 혹은 살아갈 자신이 있는 듯 보이는 인간이 난해할 뿐입니다. 사람들은 끝내 저에게 그 묘한 비결을 가르쳐주지 않았습니다. 그것만 알았다면 저는 인간을 이렇게 두려워하고 또, 필사적으로 서비스하려 하지 않고 살 수 있었을 것입니다. 인간 생활과 대립하여 밤마다 지옥의 고통을 이렇게까지 맛보지 않아도 되었을 것입니다.

다자이 오사무

088

《페스트》

그날 이후는 투쟁의 밤이 아니라 침묵의 밤이었다. 세상과 격리된 이 방에서, 이제는 옷을 입힌 채 누워 있는 죽은 몸 위로, 리유는 오래전 페스트의 공격이 끝난 후 테라스 위에서 느꼈던 것과 같은 놀라운 고요함이 감도는 것을 느꼈다. 이미 그때도, 그는 자신이 죽게 내버려둔 사람들의 침대에서 피어오르는 이 침묵에 대해 생각했었다. 어디서나 같았다. 싸움이 끝난 후 늘 찾아오는 일시적인 멈춤, 같은 엄숙한 틈, 동일한 평온함이었다. 그것은 패배의 침묵이었다.

그러나 지금 그의 친구를 감싸고 있는 이 침묵은 너무도 견고하고, 페스트에서 해방된 거리와 도시의 침묵과 너무나 긴밀하게 조화를 이루고 있어서 리유는 이번만큼은 최종적인 패배, 전쟁을 끝내고 평화마저도 치유할 수 없는 고통으로 만드는 패배라는 것을 느꼈다. 리유는 타루가 마침내 평화를 찾았는지 알 수 없었다. 그러나 적어도 그때, 자신에게는 더 이상 평화가 가능하지 않으리라는 걸 알았다. 아들을 잃은 어머니나 친구의 시체를 묻어본 사람에게 휴전이라는 것이 있을 수 없는 것처럼 말이다.

알베르 카뮈

089

《무기여 잘 있거라》

사람들이 이 세상에 너무 많은 용기를 가져오기에, 세상은 그들을 꺾기 위해 그들을 죽여야만 한다. 당연히 세상은 실제로 그렇게 한다. 세상은 모든 사람을 부서트리지만, 그 후에 많은 이들은 그 부서진 자리에서 더 강해진다. 아무리 부서지지 않으려 해도 세상은 그들을 죽인다. 세상은 아주 선하고, 아주 온화하고, 아주 용감한 이들을 모두 죽인다. 당신이 이들 중 어느 쪽에도 속하지 않는다 해도, 물론 세상은 당신도 죽일 것이다. 다만 특별히 서두르지는 않을 것이다.

어니스트 헤밍웨이

090

《맥베스》

내일, 그리고 내일, 또 내일,
이 보잘것없는 걸음걸이로 하루하루 기어가며
기록된 시간의 마지막 음절까지 닿는다.
우리의 모든 어제는
먼지로 돌아가는 바보들을
죽음의 길로 비추어주었다.
사라져라, 사라져라, 짧은 촛불아!
삶은 그저 걸어 다니는 그림자,
무대 위에서 잠시 뽐내다가 떠들며 안달하다가
더는 들리지 않는 가련한 배우일 뿐이다.
그러고 나면 더 이상 들리지 않는다.
삶은 그저 멍청이가 떠들어대는 이야기.
소리와 분노로 가득 차 있지만,
아무 의미도 없구나.

윌리엄 셰익스피어

091

《햄릿》

존재하느냐, 존재하지 않느냐, 그것이 문제로다.
이 미친 운명의 돌팔매와 화살을
참아내는 것이 정신적으로 더 고귀한가,
아니면 무기를 들고 저 고통의 바다에 맞서 싸워
이를 끝내는 것이 옳은가?
죽는다는 것은 잠드는 것.
그뿐이라면? 잠을 자는 것으로 심장의 아픔과 우리 육체가 겪는
수천 가지 고통이 끝난다고 한다면,
그것이야말로 얼마나 간절히 바랄 만한 일이겠는가.
죽는 것은 잠드는 것. 잠드는 것, 어쩌면 꿈을 꾸는 것.
아, 그러나 바로 여기에 문제가 있다.
죽음의 잠 속에서, 이 유한한 존재를 벗어던질 때,
어떤 꿈을 꿀지 우리는 멈칫하지 않을 수 없으니,
바로 그것이 삶의 불행을 길게 만드는 이유다.

윌리엄 셰익스피어

092

《동물농장》

"동지들이여!" 그가 외쳤다. "설마 우리 돼지들이 이기심과 특권의 식으로 이런 행동을 한다고 생각하지는 않으시겠죠? 사실 우리 중 많은 수가 우유와 사과를 좋아하지 않습니다. 저 역시 그래요. 우리가 이것들을 가져가는 유일한 목적은 우리의 건강을 지키기 위해서입니다. 우유와 사과에는 (이것은 과학적으로 증명된 사실입니다, 동지들.) 돼지의 건강에 절대적으로 필요한 성분들이 들어 있습니다. 우리 돼지들은 두뇌 노동자입니다. 이 농장의 모든 경영과 조직이 우리에게 달려 있다는 말입니다. 우리는 밤낮으로 여러분의 복지를 살피고 있습니다. 우리가 우유를 마시고 사과를 먹는 것은 바로 여러분을 위해서입니다."

조지 오웰

093

《수레바퀴 아래서》

나무의 줄기를 자르면 뿌리 가까이에서 다시 새로운 싹이 돋아난다. 이처럼 싹이 틀 무렵에 망가진 영혼도 종종 꿈과 약속으로 가득했던 어린 시절로 되돌아가, 그곳에서 새 희망을 발견하고 끊어진 삶의 실을 다시 이으려고 한다. 새싹은 빠르고 열정적으로 자라나지만, 그것은 결코 나무가 될 수 없는 가짜 삶일 뿐이다.

헤르만 헤세

094

《노인과 바다》

그는 바다를 바라보며 지금 자신이 얼마나 혼자인지를 알게 되었다. 하지만 그는 깊고 어두운 물속의 무지갯빛 광선과, 앞으로 뻗은 낚싯줄과, 고요함 속에서 묘하게 일렁이는 물결을 볼 수 있었다. 무역풍이 불기 전 구름이 뭉게뭉게 피어오르고 있었고, 앞쪽으로는 한 떼의 야생 물오리 떼가 보였다. 오리 떼는 하늘을 배경으로 자신들의 모습을 선명하게 새겨 넣었다가, 흐트러졌다가, 다시 새겨넣기를 반복했다. 노인은 바다에서는 그 누구도 결코 혼자가 아니라는 것을 깨달았다.

어니스트 헤밍웨이

095

《심판》

법 앞에 문지기가 서서 지키고 있다. 그 문지기에게 한 시골 남자가 찾아와 법 안으로 들어가게 해달라고 간청한다. 그러나 문지기는 그에게 지금은 들여보내줄 수 없다고 말한다. 그 시골 남자는 잠시 생각한 후, 그렇다면 나중에라도 들어갈 수 있을지를 묻는다.

"가능하오." 문지기가 답한다. "하지만 지금은 안 되오."

법 안으로 들어가는 문은 평소처럼 열려 있고, 문지기는 한쪽으로 비켜서 있었기에 그 시골 사람은 고개를 숙여 입구를 들여다본다.

문지기는 그 모습을 보고 웃으며 말한다. "그렇게 들어가고 싶은 유혹을 느낀다면 내 허락 없이 들어가보시오. 하지만 알아두시오, 나는 강력한 사람이오. 그리고 나는 가장 말단 문지기에 불과하오. 모든 문마다 문지기가 서 있으며, 안쪽으로 갈수록 더 강한 자들이 지키고 있소. 세 번째 문지기조차 나는 감히 쳐다볼 수가 없지."

이런 어려움은 그 시골 사람이 예상하지 못한 것이었다. 법은 누구에게나 언제든 접근 가능해야 한다고 그는 생각했지만, 모피 옷을 입고 뾰족한 큰 코와 길고 가는 타타르식 수염을 한 문지기를 보고는 허락을 받을 때까지 기다리기로 결심한다. 문지기는 그에게 의자

하나를 내주며 문 옆에 앉아 기다리게 한다. 남자는 그곳에서 몇 날 몇 해가 지나도록 앉아 기다린다. 그는 수차례 들어가려 애쓰며 끈덕지게 문지기를 귀찮게 한다. 문지기는 가끔 그와 간단히 대화를 나누며 그의 고향과 다른 일에 대해 물어보지만, 높은 인물들이 심심풀이로 질문을 던지듯 그저 무관심한 태도다. 그리고 항상 대화는 그가 아직 들어갈 수 없다는 말로 끝난다.

프란츠 카프카

096

《신곡》

슬픔의 나라로 가려는 자, 나를 거쳐가라.
영원한 고통을 만나려는 자, 나를 거쳐가라.
파멸한 사람들에게 향하려는 자, 나를 거쳐가라.

정의는 지존하신 창조주를 움직여
성스러운 힘, 최고의 지혜, 그리고
태초의 사랑으로 나를 만들었노라.

내 앞에 창조된 것이란
오직 무궁(無窮)이 있을 뿐,
나는 영원으로 이어지리라.

여기 들어오는 너희는 모든 희망을 버릴지어다.

단테 알리기에리

097

《1984》

물론 사유재산과 사치품 같은 부의 개념이 균등하게 분배되는 반면, 권력은 소수의 특권 계급이 가지고 있는 사회를 상상해볼 수 있다. 그러나 실제로 그런 사회는 오래 안정을 유지할 수 없다. 왜냐하면 누구나 똑같이 안정적인 생활을 누리며 여가를 즐기게 된다면, 평소 가난 때문에 정신이 마비되었던 다수의 인간이 문맹에서 벗어나 스스로 생각하는 법을 배울 것이기 때문이다. 그리고 그렇게 되면 그들은 곧 특권 계급이 아무런 기능도 하지 않는다는 사실을 깨달을 것이고, 특권 계급을 제거하려 들 것이다. 결국 계급 사회는 오직 가난과 무지에 기반해서만 유지될 수 있다.

조지 오웰

098

《이방인》

마치 그 거대한 분노의 물결이 나를 씻어내고, 내 안의 희망을 비워 버린 것 같았다. 나는 별들이 점점이 박힌 어두운 하늘을 올려다보며, 처음으로, 정말 처음으로, 세상의 온화한 무관심에 내 마음을 열었다.

세상이 나와 다름없는 형제처럼 느껴졌기에 나는 내가 행복했음을, 그리고 여전히 행복하다는 사실을 깨달았다. 모든 것이 끝나고, 내가 덜 외로워지기 위해 내가 마지막으로 바라는 것은, 내 처형일에 수많은 군중이 모여 나를 향해 저주 섞인 함성을 지르는 것이었다.

알베르 카뮈

099

《풀베개》

산길을 오르면서 이렇게 생각했다.

"모든 것에 이성적으로 접근하면 가혹해진다. 감정에만 맡기면 물살에 휩쓸리고 만다. 고집을 부리면 갑갑해진다. 어찌 되었든 인간 세상은 살기 힘들다."

나쓰메 소세키

100

《데미안》

새는 알을 깨고 나온다. 알은 세계다. 태어나고자 하는 자는 먼저 한 세계를 파괴해야 한다. 새는 신에게로 날아간다. 그 신의 이름은 아브락사스다.

헤르만 헤세

《1984》 조지 오웰

전체주의 사회를 그린 디스토피아 소설. 주인공 윈스턴 스미스는 당에 의해 행동과 사상이 철저히 통제되는 사회에서 살고 있다. 당은 모든 것을 감시하고, 심지어 진실까지 조작하여 사람들의 사고와 행동을 통제한다. 윈스턴은 당의 통제에 반발하여 개인주의적인 생각을 품고, 줄리아라는 여성과 비밀스러운 관계를 맺으며 체제에 저항하려 한다. 하지만 결국 그들의 행동이 당에 발각되고, 윈스턴은 고문을 받아 독재자 '빅브라더'를 절대적으로 따르도록 세뇌된다. 《1984》는 권력의 절대성과 그로 인한 개인의 자유 박탈, 그리고 언어와 진실의 왜곡에 대한 강력한 경고를 담고 있다.

《걸리버 여행기》 조너선 스위프트

여행기 형식을 빌린 풍자 소설. 주인공 레뮤엘 걸리버가 다양한 가상의 나라를 여행하며 벌어지는 이야기를 그리고 있다. 의사이자 선원인 걸리버는 여러 차례의 항해를 통해 '릴리퍼트(작은 사람들의 나라)', '브롭딩낵(거인들의 나라)', '라퓨타(하늘을 나는 섬)', '후이늠국(말들이 지배하는 나라)' 등을 방문한다. 작가는 각 나라에 도착한 걸리버를 통해 인간 사회의 다양한 면모를 보여주며, 인간 사회의 부조리와 허영심, 권력욕, 전쟁의 잔혹성을 신랄하게 비판하고 인간의 이성과 도덕성에 대해 성찰한다.

《군주론》 니콜로 마키아벨리

효과적인 정치와 권력 유지 방법을 다룬 현실주의적 정치 철학서. 마키아벨리는 이상적 덕목보다 실제 권력의 획득과 유지에 초점을 맞춘다. 그는 군주가 사랑받기보다는 두려운 존재가 되는 것이 더 안전하며, 필요할 때 비윤리적 방법도 사용할 수 있다고 주장한다. 또한 군주는 운명에 의존하지 않고 상황을 주도적으로 통제해야 하며, 힘과 지혜를 겸비한 '여우'와 '사자' 같은 존재가 되어야 한다고 강조한다. 특히 군대와 법의 중요성, 종교와 정치의 활용을 논하며, 국가를 안정적으로 유지하는 방법을 상세히 서술한다. 군주의 실질적 능력과 현실적 판단이 이상주의보다 중요하다는 점에서 근대 정치사상의 기초를 마련한 작품으로 평가된다.

《나는 고양이로소이다》 나쓰메 소세키

이름 없는 고양이의 시점으로 인간 세상을 그린 소설. 고양이는 중산층 학자인 진노 구샤미의 집에 살면서 주인과 주변 인물들을 관찰하고, 그들의 일상과 성격, 사회적 모순을 날카로운 시선으로 분석한다. 구샤미는 무능하고 우유부단하며, 그의 친구들과 이웃들은 허영, 탐욕, 위선 등의 인간적 결함을 드러낸다. 고양이는 인간의 어리석음을 조롱하는 한편 자신의 존재와 삶의 의미에 대해 철학적으로 고뇌한다. 메이지 시대 일본 사회의 서구화와 근대화 과정에서 드러나는 인간성의 문제를 유머와 풍자로 풀어내며, 고양이의 독특한 시각을 통해 인간 세태를 비판하는 작품이다.

《노인과 바다》 어니스트 헤밍웨이

오랫동안 물고기를 잡지 못한 쿠바의 늙은 어부 산티아고는 '운이 다한 노인'으로 취급받는다. 하지만 그는 여전히 바다를 사랑하며, 자신의 능력을 믿고 있다. 홀로 바다에 나간 산티아고는 먼 바다로 나가 거대한 청새치를 만난다. 그는 청새치와 사흘 밤낮을 싸우며 지칠 대로 지치지만 결국 물고기를 잡는 데 성공한다. 그러나 돌아오는 길에 상어들이 청새치를 뜯어먹기 시작하고, 산티아고는 필사적으로 싸우지만 결국 남은 것은 뼈뿐이다. 지친 몸으로 텅 빈 배를 끌고 돌아온 그는 힘겹게 오두막으로 돌아와 깊은 잠에 빠진다. 이 작품은 인간의 불굴의 의지, 자연과의 싸움, 그리고 패배 속에서도 꺾이지 않는 존엄성을 그린다. 산티아고는 비록 고기를 잃었지만, 그의 도전과 용기는 여전히 찬란하게 빛난다.

《누구를 위하여 종은 울리나》 어니스트 헤밍웨이

스페인 내전 당시 국제 의용군으로 참전한 미국인 로버트 조던은 게릴라 부대와 함께 전략적으로 중요한 다리를 폭파하는 임무를 맡는다. 그 과정에서 게릴라 지도자 파블로와 그의 강인한 아내 필라르, 그리고 순수하고 아름다운 여성 마리아를 만난다. 그는 마리아와 사랑에 빠지지만, 전쟁의 긴박함 속에서 사랑과 행복을 누릴 시간은 부족하다. 작전이 실행되던 날, 조던과 동료들은 적군의 공격에 맞서 싸우지만 결국 많은 희생을 치르게 된다. 조던이 부상을 당해 도망칠 수 없는 상황에서 동료들을 위해 끝까지 자리를 지키며 이야기는 마무리된다. 이 소설은 전쟁의 참혹함 속에서도 피어나는 사랑과 동지애, 그리고 대의를 위한 자기희생의 숭고함을 그리고 있다.

《닥터 지바고》 보리스 파스테르나크

러시아 혁명과 내전을 배경으로, 의사이자 시인인 유리 지바고의 삶과 사랑을 그린 작품. 어린 시절 부모를 잃은 유리는 의사가 되어 헌신적인 아내 토냐와 가정을 이루지만, 강인한 여성 라라와 운명적인 사랑에 빠지게 된다. 혁명의 혼란 속에서 유리는 강제로 붉은 군대의 의사가 되고, 전쟁과 이념의 대립 속에서 신념과 예술적 영혼을 지키려 한다. 유리와 라라는 반복해서 헤어지고 재회하지만, 혁명의 격변 속에서 끝내 비극적인 운명을 맞는다. 유리는 쇠약해져 쓸쓸한 죽음을 맞지만, 그의 시와 사상은 살아남아 한 인간의 사랑과 자유에 대한 갈망을 증언하는 유산으로 남는다. 거대한 역사 속에서 한 개인이 어떻게 생존하고, 사랑하고, 예술을 통해 저항하는지를 보여주는 이 작품은 인간성과 자유에 대한 깊은 질문을 던진다.

《더버빌가의 테스》 토머스 하디

가난한 농부의 딸 테스는 몰락한 귀족 가문의 후손이라는 사실을 알게 된다. 부모는 그녀를 부유한 더버빌 가문에 보내 도움을 받으려 한다. 그러나 그 집안의 방탕한 아들 알렉 더버빌은 테스를 유혹해 그녀를 성적으로 착취하고, 충격과 수치심 속에서 테스는 집으로 돌아온다. 테스는 얼마 후 아이를 낳지만 아기는 곧 죽는다. 새 삶을 시작하기 위해 낙농장에서 일하던 테스는 에인절 클레어라는 남자를 만나고 두 사람은 사랑에 빠진다. 그러나 테스가 과거를 고백하자 에인절은 충격을 받고 떠나버린다. 생계를 위해 고된 노동을 하던 테스는 결국 가족을 위해 알렉에게 의존하게 되지만, 뒤늦게 에인절이 자신의 행동을 후회하고 돌아오자 절망 속에서 알렉을 살해한다. 결국 체포된 테스는 교수형에 처해진다. 테스의 생애를 통해 빅토리아 시대의 위선적인 도덕관과 여성, 계급의 문제를 심도 있게 다룬 작품이다.

《데미안》 헤르만 헤세

주인공 에밀 싱클레어는 어린 시절부터 '밝은 세계'(선)와 '어두운 세계'(악) 사이에서 혼란을 느낀다. 그는 부모에게 배운 도덕적인 가치관 속에서 살지만, 동시에 죄의식과 욕망을 경험하며 갈등한다. 그러던 중, 신비로운 친구 데미안을 만나게 된다. 데미안은 기존의 도덕을 초월한 새로운 관점을 제시하며, 싱클레어가 스스로의 내면을 탐구하도록 돕는다. 데미안의 영향을 받아 싱클레어는 전통적인 신앙에서 벗어나 '자신만의 길'을 찾으려 한다. 그러던 중 아브락사스라는 신의 개념을 알게 되는데, 이는 선과 악을 모두 포함하는 존재로, 싱클레어가 조화로운 자아를 형성하는 데 중요한 철학이 된다. 이후 그는 예술과 철학을 탐구하며 자아를 확립해 나간다. 성인이 된 싱클레어는 데미안을 다시 만나고, 데미안의 어머니인 에바 부인을 통해 정신적 성숙을 경험한다. 하지만 전쟁이 발발하며 데미안은 싱클레어와 작별하고, 결국 싱클레어는 홀로 자신의 길을 가게 된다. 《데미안》은 개인이 사회적 규범을 넘어 진정한 자아를 찾는 과정을 통해 내면의 성장과 변화를 깊이 탐구하는 작품이다.

《도련님》 나쓰메 소세키

주인공 '도련님'은 도쿄에서 자란 직설적이고 다혈질적인 성격의 청년이다. 그는 부모를 일찍 여의고 가정부 기요의 사랑을 받으며 자랐다. 수학 교사가 되어 시골 학교로 부임한 도련님은 위선적이고 권모술수에 능한 교사들과 충돌한다. 위선적인 교감 '빨간 셔츠'가 계략을 꾸며 정직한 교사 '끝물 호박'을 전근 보내려 하자 분노한 도련님은 거칠지만 정의로운 동료 교사 '거센 바람'과 함께 빨간 셔츠를 응징하고 학교를 떠난다. 도쿄로 돌아온 도련님은 기요와 재회하는데, 얼마 지나지 않아 기요가 세상을 떠난다. 결국 그는 직장도 없이 혼자 남겨지지만, 자신의 신념을 지키며 살아가기로 다짐한다. 이 작품은 순수한 이상주의자가 현실과 부딪히는 과정을 유머러스하면서도 날카롭게 그려내며, 부조리한 사회에 대한 비판과 인간적인 따뜻함을 동시에 담아낸다.

《도리언 그레이의 초상》 오스카 와일드

아름다운 청년 도리언 그레이는 화가 바질 홀워드의 초상화 모델이 된다. 자신의 초상화에 담긴 미모에 매료된 도리언은 자신의 아름다움이 언젠가 사라질 것을 두려워해 자신 대신 초상화가 늙고 추해지기를 바라는 소원을 빌고, 기이하게도 그 소원이 이루어진다. 이후 그는 여배우 시빌 베인과 사랑에 빠지지만 그녀에게 가혹하게 대하며, 결국 그녀는 자살한다. 도리언은 점차 쾌락과 악행에 빠져들지만 그의 얼굴은 변함없이 아름답고, 대신 다락방에 숨겨둔 초상화가 그의 죄악을 고스란히 담아내며 점점 추악하게 변한다. 도리언의 악행을 알게 된 바질이 그에게 충고하자, 도리언은 분노하여 바질을 살해한다. 죄책감과 공포에 시달리던 도리언은 초상화를 칼로 찢는데 그 순간 본인이 숨지고, 초상화는 다시 젊고 아름다운 모습으로 돌아간다. 쾌락주의, 도덕적 타락, 외면과 내면의 괴리와 인간 본성의 이중성을 깊이 있게 다루는 작품이다.

《돈 키호테》 미겔 데 세르반테스

기사도 소설에 심취한 노인 '알론소 키하노'는 자신을 '돈 키호테'라는 방랑 기사라고 생각해 모험을 떠난다. 그는 녹슨 갑옷을 걸치고 자신의 말에 '로시난테'라는 이름을 붙이며, 평범한 농부 산초 판사를 시종으로 삼아 정의를 실현하겠다는 꿈을 안고 길을 나선다. 그러나 그의 모험은 착각과 환상으로 가득하다. 풍차를 거대한 괴물로 오인해 돌진하고, 여관을 성으로 착각하는 등 엉뚱한 사건이 끊이지 않는다. 산초는 현실적인 조언을 하지만, 돈 키호테는 자신의 이상을 고집하며 낭만적인 모험을 계속한다. 여정이 계속될수록 그는 지쳐가고, 결국 고향으로 돌아와 병상에 눕는다. 죽음을 앞두고 환상에서 깨어나지만, 오히려 그것이 생명력을 앗아간다. 《돈 키호테》는 이상과 현실의 충돌을 풍자하면서도, 꿈을 좇는 인간의 열정을 조명하는 작품이다.

《동물농장》 조지 오웰

매너 농장의 동물들은 농장주 존스의 착취에 반기를 들어 그를 몰아내고 동물들의 이상적인 사회를 세우기로 한다. 돼지들이 지도부가 되어 '모든 동물은 평등하다'라는 원칙 아래 동물농장을 설립한다. 하지만 돼지 '나폴레옹'은 경쟁자 '스노볼'을 추방하고, 개들을 동원해 독재 체제를 구축한다. 점차 돼지들은 인간처럼 두 발로 걷고, 위스키를 마시며 다른 동물들을 통제한다. 처음에 세웠던 원칙은 '모든 동물은 평등하다. 그러나 어떤 동물들은 다른 동물들보다 더 평등하다'로 변질된다. 마지막에는 돼지들이 인간들과 카드게임을 하는 모습이 목격되고, 다른 동물들은 돼지와 인간을 구별할 수 없게 된다. 이 작품은 권력과 부패, 그리고 혁명이 어떻게 타락할 수 있는지를 풍자적으로 묘사하며, 전체주의의 위험성을 경고한다.

《레 미제라블》 빅토르 위고

장발장은 빵을 훔친 죄로 19년간 감옥살이를 한 후 석방된다. 미리엘 주교를 만나 그의 자비로 새 삶을 살기로 결심한 장발장은 신분을 속이고 공장을 세워 성공한 사업가가 된다. 그러던 중 공장에서 일하던 여성 팡틴이 비참하게 죽자, 팡틴의 딸 코제트를 돌보기로 약속한다. 고아 코제트를 데려와 친딸처럼 키우던 중, 경찰관 자베르가 장발장의 정체를 의심하기 시작한다. 어느덧 코제트가 자라 마리우스라는 젊은 혁명가와 사랑에 빠지고, 장발장은 둘의 사랑을 위해 자신의 목숨을 걸고 마리우스를 구해준다. 한편 자베르 경감은 끈질기게 장발장을 쫓는데, 장발장이 마리우스를 구하는 모습을 보고 혼란에 빠지고, 자신 또한 장발장의 도움으로 목숨을 건지자 자살하고 만다. 결국 마리우스와 코제트는 결혼하고, 장발장은 둘의 행복을 지켜보며 평화롭게 생을 마감한다. 이 소설은 인간의 구원과 사회 정의, 사랑과 용서의 힘을 깊이 있게 다루고 있다.

《로미오와 줄리엣》 윌리엄 셰익스피어

몬터규 가문과 캐풀렛 가문은 오랜 세월 원수지간으로 대립해왔다. 몬터규의 아들 로미오는 캐풀렛 가문의 무도회에 몰래 들어갔다가 캐풀렛의 딸 줄리엣과 운명적으로 사랑에 빠진다. 두 사람은 가문의 반대를 피해 비밀 결혼을 하지만 줄리엣의 사촌이 로미오의 친구를 죽이면서 비극이 시작된다. 친구를 잃고 격분한 로미오가 우발적으로 줄리엣의 사촌을 살해하면서 추방형을 선고받는다. 한편 줄리엣은 부모의 강요로 다른 남자와 결혼해야 하는 상황에 놓이고, 강제 결혼을 피하기 위해 잠시 숨을 멎게 하는 약을 마신다. 이 사실을 모르는 로미오는 줄리엣이 정말 죽은 줄 알고 절망에 빠져 독약을 마시고 자살한다. 깨어난 줄리엣은 로미오의 시신을 보고 충격을 받아 단검으로 자결한다. 연인의 죽음으로 두 가문은 결국 화해하지만, 그들의 사랑은 되돌릴 수 없는 비극으로 끝난다.

《로빈슨 크루소》 대니얼 디포

모험심 강한 청년 로빈슨 크루소가 무인도에서 홀로 살아남으며 벌어지는 이야기. 로빈슨 크루소는 항해 중 폭풍으로 무인도에 고립된다. 그는 생존을 위해 스스로 농사를 짓고, 동물을 사냥하며, 주변 환경에 적응해나간다. 고립된 삶 속에서도 신앙과 노동을 통해 자신을 단련하며, 인간의 의지와 창조력을 보여준다. 어느 날, 식인종들이 무인도에 나타난다. 그는 식인종에게 잡힌 원주민을 구해주고 '프라이데이'라는 이름을 붙여준 뒤 함께 생활하며 문명인으로 교육한다. 마침내 로빈슨과 프라이데이는 구조되어 영국으로 돌아간다. 28년 만에 문명 세계로 돌아온 로빈슨은 자신의 모험담을 통해 신의 섭리와 인간의 의지에 대해 깊이 깨닫는다.

《리어 왕》 윌리엄 셰익스피어

노쇠한 리어 왕은 자신의 왕국을 세 딸에게 나누어주기로 결심한다. 맏딸 고너릴과 리건은 아버지에 대한 과장된 사랑을 표현하며 아첨하는 말로 큰 영토를 약속받지만, 막내딸 코딜리어는 진실된 마음을 단순하게 전할 뿐이다. 분노한 리어 왕은 코딜리어를 추방하고 나머지 두 딸에게 왕국을 나눠준다. 그러나 권력을 얻은 고너릴과 리건은 아버지를 모욕하고 버린다. 리어는 점차 광기에 휩싸여 광야를 방황한다. 프랑스 왕과 결혼한 코딜리어는 이 소식을 듣고 군대를 이끌고 아버지를 구하러 오지만 전쟁에서 패하고 처형당하며, 리어는 코딜리어의 죽음 앞에서 고통스러워한다. 결국 모든 주요 인물이 죽음을 맞이하며 비극은 막을 내린다.

《마음》 나쓰메 소세키

대학생인 '나'는 은둔적이고 깊은 내면을 지닌 '선생님'과 교유하며 그의 삶에 매료된다. 선생님은 자신의 과거를 감추고 있지만, 점차 나에게 비밀을 털어놓는다. 선생님은 과거에 친구 'K'와 같은 여성을 좋아했는데, 사랑과 우정 사이에서 갈등하다가 자신의 이기심으로 인해 K가 자살하는 비극을 초래하고 만다. 이 사건은 선생님에게 깊은 죄책감을 남겼고, 그는 스스로 고독을 선택하며 속죄의 삶을 살아간다. 이 작품은 나와 선생님의 관계를 통해 인간의 고독과 죄책감을 탐구하며, 인간관계의 복잡함을 섬세하게 그려낸다.

《맥베스》 윌리엄 셰익스피어

주인공 맥베스는 스코틀랜드의 장군으로, 세 명의 마녀에게 자신이 왕이 될 것이라는 예언을 듣는다. 이 예언에 사로잡힌 맥베스는 아내인 레이디 맥베스의 부추김을 받고 왕을 죽이고 왕위를 차지한다. 하지만 죄책감과 두려움에 시달리며 점점 정신적으로 무너져가고, 계속해서 사람들을 죽이며 잔인한 행동으로 왕국을 혼란에 빠뜨린다. 한편, 맥베스의 통치에 반대하는 맬컴과 맥더프가 연합하여 그를 물리친다. 맥베스는 결국 맬컴에게 패배하고, 그가 일으킨 악행의 대가는 참혹한 죽음으로 돌아온다. 이 작품은 인간의 야망과 죄악, 그리고 그로 인한 파멸을 깊이 있게 탐구한다.

《무기여 잘 있거라》 어니스트 헤밍웨이

제1차 세계대전 당시 이탈리아 전선을 배경으로 한 사랑과 전쟁의 이야기. 주인공 프레더릭 헨리는 이탈리아군의 구급차 운전사로 전쟁에 참여한다. 그는 부상으로 병원에 입원하게 되고, 그곳에서 간호사 캐서린 바클리와 사랑에 빠진다. 둘의 사랑은 전쟁의 비극 속에서 더욱 깊어지지만, 전쟁의 혼란은 계속된다. 헨리는 캐서린과 함께 평화로운 삶을 꿈꾸지만, 캐서린이 출산 도중 사망하고 아이마저 세상을 떠나자, 프레더릭은 홀로 남겨진 채 깊은 상실감에 빠진다. 전쟁의 폭력성과 인간의 무력함, 그리고 사랑의 덧없음을 담담하게 그려낸 이 작품은 전쟁이 개인의 삶을 어떻게 파괴하는지를 보여주는 강력한 반전 문학의 걸작으로 평가받는다.

〈비에도 지지 않고〉 미야자와 겐지

1923년 간토 대지진 이후 희망과 회복에 대한 메시지를 담은 시이다. 이 시는 어려움과 고난 속에서도 꺾이지 않는 인간의 의지와 연대를 아름답게 표현하며, 특히 자연재해로 인한 고통 속에서도 서로를 믿고 일어서는 인간의 모습을 강조한다. 시의 주요 모티프는 '비에도 지지 않고, 바람에도 지지 않고, 눈에도 지지 않는' 강인한 인간의 정신이다. 이 시는 일본 문학사에서 희망과 회복의 상징으로 널리 알려져 있으며, 많은 사람들에게 위로와 용기를 주는 작품으로 평가받는다.

《변신》 프란츠 카프카

외판원 그레고르 잠자는 어느 날 아침 잠에서 깨어나 자신이 거대한 벌레로 변해 있는 것을 발견한다. 가족의 생계를 책임지던 그는 출근할 수 없는 상황에 당황스러워하고, 가족들은 그의 변신에 충격과 공포를 느낀다. 그의 여동생 그레테가 그를 돌보지만, 시간이 지날수록 가족들의 혐오감은 커져간다. 생활비를 벌기 위해 가족 모두가 일을 시작하면서 그레고르는 점점 가족에게 쓸모없는 존재가 된다. 결국 아버지가 던진 사과에 그레고르는 상처를 입고, 그 상처가 깊어져 고립과 고통 속에서 죽음을 맞이한다. 그의 죽음 후 가족들은 안도하며 새로운 시작을 꿈꾼다. 이 소설은 카프카 특유의 불안감과 부조리한 세계관을 반영하고 있으며, 현대 사회에서 인간 소외와 가족 관계의 비정함을 상징적으로 보여준다.

《보바리 부인》 귀스타브 플로베르

시골 의사 샤를 보바리의 아내 에마는 로맨스 소설에 심취한 채 권태로운 결혼 생활을 이어간다. 현실과 동떨어진 사치스러운 낭만적 이상을 추구하던 그녀는 바람둥이 지주 로돌프와 불륜 관계를 맺지만, 곧 그에게 버림받는다. 이후 젊은 서기 레옹과도 불륜에 빠지는데, 이 관계 역시 오래가지 못한다. 사치스러운 생활과 부적절한 재정 관리로 엄청난 빚을 지게 된 엠마는 주변 사람들에게 도움을 청하지만 모두 거절당한다. 그녀의 과도한 사치와 부채는 결국 가족을 파멸로 몰아가고, 엠마는 독약을 마시고 스스로 목숨을 끊는다. 그녀의 죽음 이후 샤를은 이 사실을 알게 되고, 슬픔 속에서 그도 얼마 지나지 않아 세상을 떠난다. 이 소설은 19세기 프랑스 사회의 속물성과 중산층의 허영심을 날카롭게 묘사하며, 낭만적 환상이 현실과 충돌할 때 발생하는 비극을 사실주의적으로 그려낸다.

《부활》 레프 톨스토이
귀족 가문 출신인 네흘류도프는 배심원으로 법정에 참석했다가 피고인석의 매춘부 카츄샤가 자신이 8년 전 버린 여인임을 알아본다. 순수했던 카츄샤는 그의 하녀 딸이었고, 부활절 날 그와 하룻밤을 보낸 후 임신을 했지만 버림받아 타락의 길로 접어들었다. 살인 혐의로 기소된 카츄샤는 무고한데도 시베리아 유형을 선고받는다. 커다란 죄책감을 느낀 네흘류도프는 그녀를 돕기로 결심한다. 네흘류도프는 그녀의 무죄를 입증하려 애쓰고, 그녀와 함께 시베리아 유형지로 동행하며 점차 영적 성장을 이룬다. 이 작품은 인간의 도덕적 각성과 사랑, 사회의 부조리에 대한 깊은 성찰을 담고 있으며, 톨스토이의 후기 사상을 반영한 대표작으로 평가받는다.

《빨강머리 앤》 루시 모드 몽고메리
고아 소녀 '앤 셜리'가 프린스 에드워드섬의 작은 마을 에이번리로 오게 되며 벌어지는 이야기. 나이 든 남매 매슈와 마릴라는 농장 일을 도울 남자아이를 입양하려 했으나, 실수로 앤이 오게 된다. 빨강머리에 상상력이 풍부하고 수다스러운 앤은 실수투성이이지만 밝고 사랑스러운 성격으로 사람들을 웃게 만든다. 학교에서는 기발한 행동과 엉뚱한 상상력으로 친구 다이애나와 우정을 쌓고, 라이벌 길버트와도 선의의 경쟁을 한다. 어려운 상황 속에서도 꿈과 희망을 잃지 않는 앤은 주변 사람들에게 긍정적인 영향을 미치며 사랑받는 존재가 된다. 따뜻한 유머와 감동을 통해 꿈과 가족, 따뜻한 공동체의 의미를 알려주는 성장 소설의 고전이다.

《설득》 제인 오스틴

주인공 앤 엘리엇은 젊은 시절, 해군 장교 프레더릭 웬트워스와 사랑에 빠지지만, 그의 낮은 신분과 불확실한 미래 때문에 가족과 친구들의 설득으로 약혼을 깨게 된다. 이후 8년이 지나 앤의 가족은 재정난으로 저택을 빌려주게 되고, 그 집의 세입자가 웬트워스의 친척이라는 사실이 드러난다. 성공한 장교로 돌아온 웬트워스는 앤과 다시 만나지만, 여전히 그녀에게 상처받은 상태다. 앤 역시 아직도 그를 사랑하고 있지만, 예전의 결정에 대한 후회와 자존심으로 그와의 관계를 망설인다. 두 사람은 서로의 감정과 과거의 오해를 풀어가며, 결국 사랑을 재확인하고 결혼에 이르게 된다. 《설득》은 제인 오스틴의 마지막 완성작으로, 성숙한 여성의 내면과 사회적 압박 속에서도 진정한 사랑을 찾는 과정을 섬세하게 그려낸다.

《사양》 다자이 오사무

몰락해가는 일본 귀족 가문의 딸 가즈코의 시선을 통해 전쟁 후 일본 사회의 혼란과 가치관의 변화를 그린 작품이다. 가즈코는 귀족의 품위를 유지하려 하지만, 아버지의 죽음과 전쟁으로 인해 가문의 몰락을 피할 수 없다. 병든 어머니와 함께 시골로 이주한 그녀는 무기력한 동생 노부히코가 알코올중독으로 고통받는 모습을 지켜보며 점차 절망에 빠진다. 그러던 중, 타락한 작가이자 유부남인 우에하라를 만나 사랑에 빠지고, 그의 아이를 가지기로 결심한다. 그렇게 가즈코는 새로운 삶과 희망을 찾으려 하지만, 그 과정에서 전통적인 가치관과 도덕적 갈등에 부딪힌다. 몰락한 귀족 계층의 상실감과 현대적 인간의 고뇌를 진솔하게 담아낸 작품으로, 일본 전후 문학의 대표작으로 평가받는다.

《심판》 프란츠 카프카

은행원 요제프 K는 어느 날 아침 아무런 이유도 모르고 체포된다. 그는 자신이 어떤 죄를 지었는지도 모르고, 누가 자신을 고발했는지도 알지 못한 채 법정에서게 된다. K는 자신의 무죄를 입증하기 위해 법원을 찾아다니며 변호사와 상담하고, 법원의 전속화가와 만나는 등 여러 시도를 하지만 미로 같은 법체계와 불합리한 재판 과정에 좌절한다. 그러는 과정에서 법원 관계자들과 만나며 기묘한 경험을 하고, 점차 자신의 상황이 더욱 악화되는 것을 느낀다. 결국 재판은 진전되지 않은 채, 그의 31번째 생일 전날 저녁 두 명의 집행인이 찾아와 그를 처형한다. 부조리한 법체계와 관료제 속에서 무력하게 희생되는 현대인의 모습을 그린 작품으로, 인간 존재의 무력함과 불확실성을 상징적으로 보여준다.

《수레바퀴 아래서》 헤르만 헤세

독일의 작은 마을에서 태어난 한스 기벤라트는 뛰어난 지적 능력을 지닌 소년이다. 가난한 집안 출신의 재능 있는 소년에게 주어진 유일한 성공의 길은 목사가 되는 것이었고, 마을 사람들은 모두 한스의 공부를 돕고 응원한다. 신학교에 입학한 한스는 우수한 성적을 내지만 끝없는 경쟁과 압박 속에서 점차 지쳐가고, 자연과 음악을 사랑했던 그의 다양한 관심사는 성적과 규율 앞에서 억눌린다. 유일한 친구였던 하일너가 반항적 성격으로 퇴학당하고, 첫사랑 에마와의 관계도 실패로 끝나면서 한스는 깊은 고립감에 빠진다. 한스는 신경 쇠약으로 학교를 그만두고 기계공으로 새출발하려 하지만, 어린 시절의 순수한 열정과 자유를 되찾지 못한 채 술에 취해 강물에 빠져 생을 마감한다. 교육 제도의 경직성과 사회적 기대가 순수한 젊은이의 영혼을 어떻게 파괴하는지 보여주는 비극적 이야기이다.

《신곡》 단테 알리기에리

단테가 지옥, 연옥, 천국을 여행하며 영혼의 구원을 탐구하는 서사시. 단테는 어두운 숲에서 길을 잃고 방황하다가 고전시인 베르길리우스를 만나 그의 안내로 지옥과 연옥을 여행한다. 지옥에서는 죄인의 처벌과 인간의 죄악을 목격하며, 연옥에서는 회개와 희망을 경험한다. 이후 단테의 첫사랑 베아트리체가 천국으로 안내하며, 단테는 천국에서 신성한 사랑과 진리를 깨닫는다. 이 작품은 신학적, 철학적 주제를 바탕으로 인간의 죄와 구원, 신의 정의와 사랑을 깊이 있게 묘사한다. 단테의 여정은 개인적 구원의 과정인 동시에 당대 사회와 인간의 본질에 대한 풍자를 보여준다.

《싯다르타》 헤르만 헤세
브라만 계급의 청년 싯다르타가 진리와 깨달음을 찾아 떠나는 여정을 그린 이야기. 부유한 집안에서 태어나 존경받는 삶을 살았지만, 내면의 공허함을 느낀 싯다르타는 친구 고빈다와 함께 수행길에 오른다. 그러나 엄격한 고행에서도 답을 찾지 못하고, 붓다를 만나지만 그의 가르침도 받아들이지 않는다. 이후 아름다운 고급 창녀 카말라를 만나 세속의 쾌락을 배운 그는 상인이 되어 부와 성공을 누린다. 하지만 시간이 흘러 물질적 성공이 가져다준 공허함에 절망해 다시 집을 떠난다. 그리고 강가에서 뱃사공 바수데바를 만나 그의 가르침으로 강물에서 삶의 진리를 깨닫고, 마침내 모든 것이 하나로 연결되어 있다는 궁극적 깨달음에 도달한다. 동양과 서양의 철학을 아우르며 인간의 영적 성장과 자아 발견을 그린 작품이다.

《안나 카레니나》 레프 톨스토이
19세기 러시아 상류사회를 배경으로 사랑과 비극을 그린 소설. 주인공 안나 카레니나는 러시아의 고위층 여성으로, 남편 카레닌과의 결혼 생활에 불만을 느끼던 중 젊고 매력적인 브론스키를 만나 사랑에 빠지게 된다. 남편과 어린 아들이 있음에도 브론스키와의 사랑을 택한 안나는 사교계의 따가운 시선과 도덕적 비난 속에서 점차 고립되어간다. 한편 안나의 오빠 스티바의 친구인 레빈은 사랑하는 여인 키티와 함께 시골에서 농민들을 도우면서 인생의 의미를 찾아간다. 사회적 관습과 개인의 열정 사이에서 고뇌하던 안나는 결국 브론스키의 사랑마저 의심하게 되고, 절망 속에서 기차에 뛰어들어 생을 마감한다. 정절과 도덕이라는 사회적 규범과 개인의 자유로운 사랑이 충돌할 때 발생하는 비극을 그리며, 동시에 진정한 삶의 의미와 행복을 찾아가는 레빈의 이야기를 통해 인생에 대한 깊은 통찰을 보여준다.

〈애너벨 리〉 에드거 앨런 포

사랑하는 여인과의 영원한 사랑을 노래한 서사시. 어린 시절, 바닷가 왕국에서 화자는 애너벨 리와 순수하고 깊은 사랑에 빠진다. 그들의 사랑은 천사들조차 부러워할만큼 아름다웠지만, 하늘의 천사들은 이를 시기하여 차가운 바람을 보내 애너벨 리를 죽게 만든다. 고귀한 혈통을 가진 친척들이 그녀를 바닷가 무덤에 묻지만, 화자의 사랑은 죽음으로도 끊을 수 없을 만큼 강하다. 달이 뜰 때마다 그녀를 꿈꾸고, 별을 볼 때마다 그녀의 반짝이는 눈동자를 떠올리며, 파도 소리에서 항상 그녀를 느낀다. 화자는 그녀와의 사랑이 죽음으로도 끊어질 수 없다고 말한다. 이 시는 사랑의 영원성과 죽음조차 초월하는 애틋함을 노래하며, 포 특유의 서정성과 애수가 담겨 있다.

《에이번리의 앤》 루시 모드 몽고메리

프린스 에드워드섬의 작은 마을 에이번리에서 성장한 '앤 셜리'가 교사가 되어 겪는 이야기. 대학 진학을 포기하고 고향에 남기로 한 앤은 에이번리 학교의 선생님이 되어 아이들을 가르치며, 특유의 상상력과 따뜻한 마음으로 학생들에게 새로운 방식의 교육을 시도하고 마을 사람들과도 한층 가까워진다. 또한, 라이벌이자 친구였던 길버트와의 관계도 점차 깊어지며 미래에 대한 고민을 이어간다. 앤은 성숙해지면서도 여전히 꿈과 낭만을 잃지 않으며, 따뜻한 공동체 속에서 자신의 역할을 찾아간다. 에이번리에서의 삶과 인간관계를 통해 성장하는 앤의 이야기는 독자들에게 꿈과 사랑, 삶의 가치를 다시금 떠올리게 한다.

《오만과 편견》 제인 오스틴

베넷가의 다섯 딸 중 둘째인 엘리자베스를 중심으로 펼쳐지는 결혼과 사랑 이야기. 재산도 많고 잘생긴 다아시가 마을에 이사 오면서 이야기가 시작된다. 처음에 다아시는 교만한 태도로 엘리자베스의 반감을 사고, 엘리자베스 역시 그에 대한 편견으로 그의 청혼을 거절한다. 한편 엘리자베스의 첫사랑인 위컴은 다아시에 대한 나쁜 소문을 퍼뜨리고, 이는 엘리자베스의 편견을 더욱 강화시킨다. 하지만 시간이 흐르면서 다아시의 본모습과 선한 성품을 알게 되고, 엘리자베스는 자신의 편견을 반성하게 된다. 다아시 역시 자신의 오만함을 깨닫고 변화하면서, 두 사람은 서로를 진정으로 이해하고 사랑하게 된다. 당시 영국 사회의 계급과 결혼관을 날카롭게 풍자하는 동시에, 진정한 사랑을 위해서는 서로의 결점을 이해하고 극복해야 함을 보여주는 작품이다.

《어린 왕자》 앙투안 드 생텍쥐페리

사하라 사막에 불시착한 조종사 '나'가 소행성 B612에서 여러 별을 거쳐 지구에 도착한 '어린 왕자'를 만나 겪은 일을 추억하며 쓴 이야기. 어린 왕자는 자신이 사는 작은 별을 떠나 여러 별을 여행하며 이해할 수 없는 여러 어른들을 만난다. 권위 의식에 사로잡힌 왕, 돈만 아는 사업가, 술에 중독된 사람 등 어린 왕자가 만난 어른들은 삶의 진정한 가치를 알지 못한 채 살아간다. 지구에 도착한 후 어린 왕자는 여우를 만나 길들임의 의미와 진정한 사랑을 배우고, 자신의 장미가 얼마나 특별한 존재인지 깨닫는다. 뱀의 도움으로 자신의 별로 돌아가기로 결심한 어린 왕자는 조종사와 이별하며 '가장 중요한 것은 눈에 보이지 않고 마음으로 봐야 한다'는 진리를 전한다. 순수한 어린아이의 시선으로 바라보는 복잡하고 계산적인 어른들의 세계, 사랑과 우정, 이별, 책임감, 고독 등 인간의 본질적인 주제를 우화처럼 풀어내며 인생의 진정한 의미와 가치에 대해 생각해보게 하는 작품이다.

《오즈의 마법사》 L. 프랭크 바움

캔자스에 사는 소녀 도로시는 회오리바람에 휩쓸려 환상의 나라 오즈에 떨어진다. 도로시의 집에 깔려 동쪽의 나쁜 마녀가 죽고, 도로시는 마녀의 마법 구두를 갖게 된다. 캔자스로 돌아가기 위해 오즈의 마법사를 찾아 나서는 여정에서 도로시는 두뇌를 원하는 허수아비, 마음을 원하는 양철 나무꾼, 용기를 원하는 겁쟁이 사자를 만나 함께 여행하게 된다. 에메랄드 시티에 도착해 만난 마법사 오즈는 각자 원하는 것을 얻기 위해서는 서쪽의 사악한 마녀를 죽이고 오라는 조건을 내걸고, 도로시와 친구들은 이를 해결한다. 하지만 마법사 오즈가 사기꾼임이 밝혀지고, 결국 도로시는 처음부터 자신이 가진 마법 구두의 힘으로 집에 돌아갈 수 있었음을 깨닫는다. 진정한 가치는 이미 자신 안에 있다는 것을 알려주는 성장소설.

《왕자와 거지》 마크 트웨인

16세기 영국을 배경으로 펼쳐지는 에드워드 왕자와 거지 소년 톰 캔티의 이야기. 우연히 얼굴이 똑같다는 것을 발견한 두 소년은 장난삼아 옷을 바꿔 입는데, 이로 인해 서로의 삶이 완전히 뒤바뀌게 된다. 왕궁에서 쫓겨난 에드워드는 거리에서 힘들게 생활하며 가난한 백성들의 삶과 부당한 법의 실상을 경험하게 되고, 왕궁에 갇힌 톰은 왕자의 교육과 예절을 배우며 점차 그 역할에 적응해간다. 한편 헨리 8세가 죽고 왕위 계승의 시기가 다가오자 진짜 왕자를 찾아야 하는 상황이 되고, 결국 두 소년은 제자리를 찾게 된다. 이후 왕이 된 에드워드는 백성들의 고통을 이해하는 현명한 통치자가 된다. 신분의 차이와 사회적 불평등을 날카롭게 비판하면서도, 정의와 인간성의 회복을 훌륭하게 그려낸 작품이다.

《위대한 개츠비》 F. 스콧 피츠제럴드

1920년대 미국의 부유한 상류층 사회를 배경으로 한 소설로, 주인공 닉 캐러웨이의 시점으로 이야기가 전개된다. 뉴욕 근처의 롱아일랜드에 사는 닉은 부유한 이웃 제이 개츠비를 만나는데, 개츠비는 매주 호화로운 파티를 열지만 정작 본인은 파티에 잘 나타나지 않는 수수께끼 같은 인물이다. 개츠비의 실체가 점차 드러나면서, 그가 닉의 사촌 데이지 부캐넌을 과거에 사랑했으며, 아직도 그녀를 잊지 못하고 있다는 사실이 밝혀진다. 데이지는 현재 부유한 톰 부캐넌과 결혼한 상태로, 개츠비는 자신의 부와 명성을 이용해 그녀에게 다가가 사랑을 되찾으려 한다. 이 소설은 1920년대 미국 상류사회의 허영과 도덕적 타락을 날카롭게 비판하며, 화려한 외양 뒤에 숨겨진 공허함과 인간 본성의 이기심을 탁월하게 그려낸 작품으로 평가받는다.

《이방인》 알베르 카뮈

알제리의 한 도시에 사는 평범한 사무직원 뫼르소는 어머니의 장례식에서 눈물도 흘리지 않고 감정을 드러내지 않는다. 장례식 다음 날, 그는 마리와 연인 관계가 되고 일상적인 삶을 이어간다. 어느 날, 이웃 레몽과 함께 해변에 갔다가 아랍인들과 시비가 붙고, 뫼르소는 뜨거운 태양 아래에서 아랍인을 총으로 쏘아 죽인다. 재판에서 검사는 뫼르소가 어머니의 장례식에서 보인 무심한 태도를 들먹이며 그를 비정한 살인자로 몰아간다. 뫼르소는 자신의 행동을 합리화하거나 변명하지 않고, 오히려 사회가 요구하는 위선적인 태도를 거부한다. 결국 그는 사형 선고를 받는다. 감옥에서 뫼르소는 사제의 종교적 위안을 거부하고, 자신의 삶이 부조리하지만 진실했다고 생각하며 죽음을 받아들인다. 이 소설은 사회적 관습과 기대에 순응하지 않는 개인의 진정성, 그리고 인생의 부조리성을 탐구한 실존주의 문학의 대표작이다.

《위대한 유산》 찰스 디킨스

고아 소년 핍은 습지대에서 탈옥수 매그위치를 돕게 된다. 어느 날, 핍은 부유한 미스 해비샴의 저택에서 그녀의 양녀 에스텔라를 만나 첫눈에 반하지만 신분의 차이로 좌절한다. 성인이 된 핍은 런던의 변호사를 통해 정체불명의 후원자로

부터 거액의 유산을 상속받게 되고, 신사가 되어 에스텔라의 사랑을 얻기 위해 노력한다. 그러나 에스텔라는 그의 마음을 받아들이지 않고 다른 남자와 결혼한다. 후에 핍은 자신의 후원자가 그가 도왔던 탈옥수 매그위치였다는 충격적인 사실을 알게 된다. 한편 에스텔라는 자신을 학대하는 남성과 결혼해 불행한 삶을 살고 있다. 매그위치가 체포되어 사형 선고를 받고, 핍은 모든 재산을 잃게 되지만, 이 과정에서 진정한 가치와 겸손을 배우게 된다. 에스텔라는 남편의 죽음 후 변화된 모습으로 핍과 재회하며, 둘은 함께 새로운 미래를 향해 나아간다. 이 소설은 인간의 욕망, 도덕성, 용서, 그리고 진정한 행복의 의미를 깊이 있게 탐구한다.

《이상한 나라의 앨리스》 루이스 캐럴

소녀 앨리스가 환상적인 세계를 여행하며 겪는 모험을 그린 이야기. 호기심 많은 앨리스는 조끼를 입고 시계를 확인하는 이상한 흰 토끼를 발견하고 뒤쫓다가 토끼굴에 빠져 신비한 방에 도착한다. 방에는 작은 문과 '먹으면 작아지는 케이크', '마시면 커지는 물약'이 놓여 있다. 케이크를 먹고 몸이 작아진 앨리스는 작은 문을 통해 신비한 '이상한 나라'로 들어간다. 그곳에서 앨리스는 다양하고 독특한 캐릭터들을 만난다. 체셔 고양이, 모자 장수, 3월 토끼와 같은 기묘한 존재들과 대화를 나누고, 말도 안 되는 규칙이 지배하는 하트 여왕의 법정에 휘말리는데, 마지막 재판 장면에서 앨리스는 억압적이고 부조리한 상황에 맞서며 항변하다가 잠에서 깨어난다. 이 이야기는 빅토리아 시대의 엄격한 사회 규범과 어른들의 비논리적인 세계를 어린이의 시각으로 풍자한 작품으로, 현실과 환상의 경계를 넘나드는 독특한 상상력을 보여준다.

《인간 실격》 다자이 오사무

주인공 오바 요조의 자전적 수기를 통해 인간 소외와 내면적 고통을 탐구하는 소설. 요조는 어린 시절부터 인간관계에서 불안과 공포를 느끼며, 사람들의 기대에 부응하기 위해 광대처럼 행동하며 살아간다. 부유한 집안에서 태어났으나 그는 자신이 인간으로서 불완전한 존재이며, 정상적인 삶을 살 자격이 없다고 생각한다. 성인이 된 요조는 알코올과 마약에 의존하고, 여러 여성과 관계를 맺지만, 진정한 사랑과 행복을 찾지 못한다. 두 번의 자살 시도가 실패로 끝나고, 정신병원에 입원하면서 그의 삶은 더욱 나락으로 떨어진다. 결국 정신적·육체적으로 파멸에 이른 그는 완전히 사회에서 도태되어 인간으로서의 자격을 '실격'당한다. 이 소설은 주인공의 고백 형식을 통해, 인간 사회에 적응하지 못하는 한 개인의 고뇌와 자기 파괴적인 삶을 그린다. 인간 존재의 근원적 고독을 탁월하게 묘사한 작품이다.

《작은 아씨들》 루이자 메이 올콧

남북전쟁 시대, 매사추세츠에 사는 마치가의 네 자매 메그, 조, 베스, 에이미는 가난하지만 서로를 사랑하며 따뜻한 생활을 이어간다. 맏딸 메그는 아름답고 여성스러운 성격으로, 부유한 삶을 동경하지만 결국 가난한 가정교사 존 브룩과 사랑에 빠져 결혼한다. 둘째 조는 활달하고 독립적인 성격으로 작가가 되기를 꿈꾸며, 사회적 통념에 도전하는 인물이다. 부유한 이웃집 소년 로리와 깊은 우정을 나누지만, 결국 서로의 길을 간다. 셋째 베스는 조용하고 다정한 성격으로 음악을 사랑하지만, 병약하여 가족들에게 큰 슬픔을 안긴다. 막내 에이미는 예술적 재능이 뛰어나며, 현실적인 면모를 갖추고 있다. 유럽 여행을 계기로 성숙해지고, 로리와 결혼하게 된다. 이 소설은 여성의 자아실현과 독립, 사랑과 희생, 인간관계의 변화 등을 섬세하게 그려낸다. 특히 조의 성장과 선택은 전통적인 여성상과 대비되며, 독자들에게 깊은 인상을 남긴다. 결국 네 자매는 각자의 방식으로 행복을 찾으며, 따뜻한 가족애 속에서 삶의 의미를 깨닫는다.

《젊은 베르테르의 슬픔》 요한 볼프강 폰 괴테

이 작품은 주인공 베르테르가 친구에게 보내는 편지 형식으로 전개된다. 젊은 예술가 베르테르는 시골 마을로 떠나 자연 속에서 영감을 얻으며 살아간다. 그곳에서 그는 아름답고 선량한 여성 로테를 만나 한눈에 사랑에 빠진다. 하지만 로테는 이미 약혼자인 알베르트와 결혼을 약속한 상태다. 베르테르는 로테에 대한 강렬한 사랑과 도덕적 갈등 속에서 점점 고통에 빠진다. 로테와 알베르트의 결혼 후에도 베르테르의 감정은 식지 않고, 로테와의 만남이 이어질수록 그의 절망은 깊어진다. 로테는 베르테르의 고백을 받아들이지 못하고, 둘 사이의 관계는 점차 더 비극적으로 변해간다. 결국, 베르테르는 로테에게 마지막 편지를 남기고, 알베르트에게 빌린 권총으로 스스로 생을 마감한다. 이 작품은 사랑의 열정과 고통, 사회적 규범과 개인의 감정 사이의 갈등을 강렬하게 묘사한다. 독일 낭만주의의 기념비적 작품으로, 사랑에 의한 자기 파괴와 감정적 해방을 통해 인간 본연의 고뇌를 드러낸다. 당시 유럽 사회에 큰 반향을 일으키며 '베르테르 효과'라는 사회적 현상을 불러일으켰다.

《제인 에어》 샬럿 브론테

제인 에어는 어린 시절 부모를 잃고 외숙모 집에서 자라며 외로움과 학대를 견딘다. 이후 기숙학교에 보내져 어려운 환경 속에서도 학업에 매진해 독립적이고 강인한 인격을 형성한다. 성인이 된 제인은 손필드 저택에서 가정교사로 일하게 된다. 저택의 주인인 로체스터는 거칠지만 매력적인 성격으로 제인과 깊은 유대감을 쌓으며 사랑에 빠진다. 둘은 결혼을 약속하지만, 결혼식 날 로체스터의 첫 번째 아내가 미친 상태로 저택에 갇혀 있다는 사실이 밝혀진다. 충격을 받은 제인은 그를 떠난다. 정처 없이 무작정 나온 제인은 우여곡절 끝에 자신의 먼 사촌이자 목사인 존과 그의 여동생들을 만나 도움을 받는다. 존은 그녀에게 청혼하지만 사랑 없는 결혼을 거부한 제인은 로체스터에게 돌아가기로 결심한다. 손필드 저택으로 돌아온 그녀는 화재로 인해 저택이 불타고, 로체스터가 실명하고 한쪽 손을 잃었다는 사실을 알게 된다. 두 사람은 다시 만나 서로에 대한 진정한 사랑을 확인하고 결혼한다. 소설은 제인 에어의 독립적인 모습을 통해 19세기 여성의 자아실현과 성장을 그려낸다. 내면의 열정과 진정한 행복을 찾으려는 인간의 모습을 담아낸 고전적인 성장소설이다.

《지킬 박사와 하이드》 로버트 루이스 스티븐슨

존경받는 과학자 지킬 박사는 인간 내면의 선과 악을 분리하려는 실험 끝에 자신의 또 다른 자아인 사악한 에드워드 하이드를 만들어낸다. 지킬은 하이드로 변신해 자신의 억눌린 욕망을 해소하지만, 점차 하이드의 악행을 통제할 수 없게 된다. 하이드는 살인까지 저지르며 지킬 박사의 몸에서 점점 더 강한 지배력을 가지게 되고, 지킬은 자신이 하이드로 변하는 것을 막을 수 없게 된다. 결국, 지킬은 스스로 죽음을 선택해 이 끔찍한 이중생활을 끝낸다. 이 작품은 인간의 이중성과 도덕적 갈등, 과학과 윤리의 한계를 강렬하게 묘사한다.

《주홍 글자》 너새니얼 호손

젊은 여성 헤스터 프린은 간통죄로 가슴에 빨간 'A' 글자가 새겨진 채 살아가게 된다. 그녀는 간통의 결과로 태어난 딸 펄과 함께 외딴집에서 고립된 삶을 살며 사회의 비난을 묵묵히 견딘다. 하지만 아이의 아버지인 목사 딤스데일은 앞으로 나서서 헤스터를 막아주지 못한 죄책감에 시달리며 내적으로 고통받는다. 한편, 헤스터의 남편 칠링워스는 딤스데일의 정체를 파악하고 복수심에 그를 괴롭힌다. 결국 딤스데일은 자신의 죄를 고백한 뒤 죽음을 맞이하고, 칠링워스 역시 파멸한다. 헤스터는 공동체의 용서를 받고, 자신의 삶을 통해 속죄와 연민의 상징으로 남는다. 《주홍 글자》는 죄와 용서, 개인의 자유와 사회적 억압, 도덕적 위선의 문제를 강렬한 상징과 심리 묘사를 통해 탐구한 작품이다.

《죄와 벌》 표도르 도스토옙스키

인간의 도덕성, 죄책감, 구원의 본질을 탐구한 걸작. 주인공 라스콜니코프는 가난한 대학생으로, 자신이 특별한 존재로서 도덕적 규범을 초월할 수 있다고 믿는다. 그는 이런 논리를 실험하기 위해 탐욕스러운 전당포 노파를 살해하는데, 우발적으로 그녀의 동생까지 죽이고 만다. 처음에는 자신의 범죄를 정당화하려 하지만, 시간이 흐르면서 그의 내면은 극심한 죄책감과 혼란으로 무너져간다. 그는 주변 사람들과의 관계 속에서 점점 더 고립되고, 고결한 성품을 가진 소냐와의 만남을 통해 자신의 죄를 직면하게 된다. 소냐는 가난 속에서도 믿음과 사랑으로 살아가며, 라스콜니코프에게 진정한 구원의 가능성을 제시한다. 한편, 형사 포르피리는 라스콜니코프를 의심하며 심리적 압박을 통해 자백을 유도하려 한다. 라스콜니코프는 결국 자신의 죄를 부정할 수 없게 되고, 소냐의 격려로 자수를 결심한다. 그는 시베리아로 유형을 떠나 죗값을 치르는 동안 소냐의 헌신적인 사랑과 함께 내면적 변화를 겪으며 구원의 길을 걷기 시작한다. 라스콜니코프의 심리적 갈등과 내적 여정은 인간 본성의 복잡성과 도스토옙스키 특유의 철학적 통찰을 생생히 보여준다.

《자기만의 방》 버지니아 울프

1929년에 출판된 페미니스트 에세이. 이 작품에서 버지니아 울프는 여성 작가가 문학 활동을 하기 위해서는 경제적 독립(최소한 연간 500파운드의 수입)과 개인적 공간(자신만의 방, 즉 창작 활동을 위한 독립적인 공간)이 필수라고 주장한다. 그녀는 여성들이 오랫동안 교육과 경제적 기회를 박탈당했기 때문에 문학 분야에서 제대로 된 성과를 내지 못했다고 분석한다. 당시 여성의 사회적, 경제적 지위를 비판하고 여성의 창작 활동에 대한 근본적인 제약들을 날카롭게 지적한 중요한 문학 작품이다.

《전쟁과 평화》 레프 톨스토이

나폴레옹 전쟁 시기 러시아 귀족 사회의 변화를 그린 작품. 소설은 여러 인물의 삶을 보여주며, 주요 인물로는 피에르 베주호프 백작, 안드레이 볼콘스키 공작, 나타샤 로스토바 등이 있다. 피에르는 부유한 상속자이지만 삶의 의미를 찾지 못하고 방황하다가 나폴레옹의 모스크바 침공 때 민중의 고통을 함께하며 성장하고 자아를 깨닫는다. 안드레이는 전쟁에서 명예를 얻고자 하지만 중상을 입고, 약혼자 나타샤가 다른 남자와 도주하려 한 사건으로 좌절하며 결국 전사한다. 나타샤는 여러 사랑과 실연을 겪으면서 성숙해지고, 결국 피에르와 결혼하여 행복한 가정을 이룬다. 이 소설은 전쟁의 참상과 평화로운 일상의 대비, 역사 속 개인의 역할, 삶의 의미와 운명에 대해 깊이 생각하게 하며, 특히 역사의 흐름 속에서 인간의 자유의지와 운명의 관계를 철학적으로 탐구한다.

《채털리 부인의 연인》 D.H. 로렌스

상류층 귀부인 콘스탄스 채털리는 전쟁으로 하반신 마비가 된 남편과 함께 살고 있다. 남편은 사업에만 몰두할 뿐, 아내를 이해하지 못한다. 콘스탄스는 우연히 만난 사냥터지기 올리버 멜러스와 사랑에 빠지고, 그와의 관계에서 육체적 사랑과 정신적 생명력을 되찾는다. 올리버의 아이를 임신한 콘스탄스는 결국 남편에게 모든 것을 고백하지만 남편은 이혼을 거부한다. 콘스탄스와 멜러스는 각자의 삶을 정리하고 새로운 시작을 준비한다. 이 작품은 산업화된 현대 문명을 비판하고, 자연과 본능의 가치를 강조한다. 특히 계급 사회의 편견과 인습을 넘어선 진정한 사랑의 의미를 다룬다. 당시 영국 사회에서 금기시되던 성(性)을 자연스럽게 묘사하여 큰 논란을 일으켰으나, 현대에는 걸작으로 평가받고 있다.

《크리스마스 캐럴》 찰스 디킨스

인색하고 이기적인 노인 스크루지는 크리스마스를 혐오하고, 가난한 사람들을 경멸하며, 자신의 직원인 밥 크래칫에게 크리스마스 휴가를 주는 것도 못마땅해한다. 크리스마스이브 밤, 죽은 동료 말리의 유령이 나타나 스크루지에게 경고한다. 말리는 스크루지가 변하지 않으면 자신처럼 고통받을 것이라며, 그에게 세 명의 유령이 나타날 거라고 예고한다. 과거의 유령은 스크루지에게 행복했던 어린 시절과 사랑을 잃은 청년 시절을 보여준다. 현재의 유령은 크래칫 가족의 가난한 삶과 병든 아들의 모습을 보여준다. 미래의 유령은 스크루지가 죽었을 때 아무도 슬퍼하지 않는 암울한 미래를 보여준다. 이 경험을 통해 스크루지는 완전히 변화한다. 그는 크래칫 가족을 도와주고, 조카의 크리스마스 파티에 참석하며, 관대하고 따뜻한 사람으로 거듭난다. 이 작품은 인간의 변화 가능성과 사랑, 나눔의 가치를 강조하는 고전이다.

《키다리 아저씨》 진 웹스터

고아원에서 자란 주디는 (그녀가 '키다리 아저씨'라고 부르는) 익명의 후원자의 도움으로 대학에 진학하게 된다. 후원자는 한 가지 조건을 제시한다. 주디가 매달 자신의 생활을 편지로 써서 보내되, 답장을 기대해서는 안 된다는 것이다. 주디는 성실히 편지를 쓰며 대학 생활을 해나가고, 그 과정에서 친구들도 사귀고 작가의 꿈도 키워간다. 한편 주디는 자비스 펜들턴이라는 젊은 남성을 만나 사랑에 빠지는데, 그러다 그가 바로 자신의 후원자 '키다리 아저씨'임을 알게 된다. 자비스는 주디의 성장을 지켜보며 그녀를 사랑하게 되었고, 결국 두 사람은 행복한 결말을 맺는다. 이 소설은 한 젊은 여성의 교육과 성장, 자아 발견의 과정을 따뜻하게 그리며, 편지 형식을 통해 주인공의 솔직한 내면을 효과적으로 전달한다. 당시로서는 진보적이었던 여성의 교육과 독립에 대한 메시지도 담고 있다.

《톰 소여의 모험》 마크 트웨인

미시시피강 연안의 작은 마을에 사는 장난꾸러기 소년 톰 소여의 모험담을 그린 소설. 이모 폴리와 살고 있는 톰은 학교를 빼먹고 모험을 즐기며, 허클베리 핀이라는 친구와 어울린다. 어느 날 밤, 톰과 허클베리는 살인사건을 목격하지만 두려움에 침묵한다. 그러나 한 남자가 무고하게 죄를 뒤집어쓰자 결국 톰은 법정에서 진실을 증언하여 죄 없는 사람을 구한다. 이후 톰과 친구들은 해적놀이를 하러 잭슨섬으로 가는데, 마을 사람들은 그들이 익사했다고 생각한다. 하지만 세 소년은 자신들의 장례식에 몰래 참석했다가 극적으로 재등장한다. 톰은 베키 대처라는 소녀와 동굴 탐험을 하다가 길을 잃지만, 무사히 탈출하고 숨겨진 보물도 발견한다. 이 모험을 통해 톰은 성장하고 마을의 영웅이 된다. 이 작품은 19세기 미국 남부 소도시의 생활상과 소년들의 순수한 모험심을 생생하게 그려낸다.

《파우스트》 요한 볼프강 폰 괴테

파우스트 박사는 학문과 지식에 대한 끝없는 탐구에 몰두했지만, 진정한 깨달음을 얻지 못한 채 허무감에 빠져 있다. 그때 악마 메피스토펠레스가 거래를 제안한다. 메피스토펠레스는 파우스트에게 현세에서 쾌락과 젊음을 제공할 테니, 그가 삶에 완전히 만족하는 순간 영혼을 넘기라고 한다. 악마와의 계약으로 젊어진 파우스트는 순수한 처녀 그레첸과 사랑에 빠지지만, 결국 그녀를 비극적인 운명으로 몰아넣는다. 이후 그는 황제의 궁정에서 활약하고, 그리스 신화 속 헬레나와 사랑을 나누며 이상적인 세계를 꿈꾼다. 최종적으로 새로운 유토피아를 건설하려 하지만, 만족을 표현하는 순간 악마와의 계약이 성립되어 죽음을 맞는다. 메피스토펠레스는 파우스트의 영혼을 차지하려 하지만, 신의 자비로 파우스트의 영혼은 구원받아 천국으로 승천한다. 이 작품은 인간의 끝없는 추구와 노력 자체가 구원의 길이라고 설파한다.

《페스트》 알베르 카뮈

알제리의 오랑이라는 도시에서 페스트가 창궐하며 벌어지는 이야기. 어느 날 도시에서 쥐들이 떼죽음을 당하더니, 곧 페스트가 발병해 도시는 외부와 격리된다. 의사 리유를 중심으로 도시 사람들은 갑작스러운 전염병에 맞서 싸우지만, 도시는 봉쇄되고 혼란과 죽음이 이어진다. 각기 다른 인물들이 이 상황에 반응하는데, 리유는 의사로서 끝까지 자신의 의무를 다하고, 기자 랑베르는 사랑하는 사람에게 돌아가고자 하지만 결국 공동체의 고통을 함께하기로 결심한다. 성직자 파늘루는 처음에는 페스트를 신의 징벌로 여겼으나, 무고한 어린이의 죽음을 목격한 후 생각이 바뀐다. 약 1년간의 고립과 투쟁 끝에 페스트는 물러가고 도시는 다시 평온을 되찾는다. 그러나 작가는 페스트균이 언제든 다시 돌아올 수 있음을 암시하며, 악과 부조리에 맞서 끊임없는 경계와 저항의 필요성을 강조한다. 이 소설은 나치의 프랑스 점령을 상징적으로 그린 작품으로도 해석되며, 재앙 앞에서 보여지는 인간의 다양한 반응과 연대의 가치를 탐구한다.

《폭풍의 언덕》 에밀리 브론테

복수와 집착이 얽힌 비극적인 사랑 이야기. 고아 히스클리프는 폭풍의 언덕에 자리한 언쇼 가문에 입양되는데, 자신에게 호의적이던 언쇼 씨가 죽고 그의 아들 힌들리가 가문의 주인이 되자 가혹한 학대를 받는다. 한편 언쇼의 딸 캐서린과는 유대감을 형성하며 어린 시절을 보내고 둘은 서로 영혼의 반쪽이라 느끼지만, 캐서린이 부유한 린튼가의 에드거와 결혼하면서 히스클리프는 깊은 상처를 받는다. 상실감과 분노에 휩싸인 히스클리프는 복수를 결심하고 부유한 신사가 되어 폭풍의 언덕으로 돌아온다. 그는 캐서린과 주변 사람들의 삶을 망가뜨리고, 캐서린은 괴로워하다 딸을 낳은 뒤 사망한다. 히스클리프는 캐서린의 기억에 사로잡혀 정신적으로 점점 황폐해져 죽음을 맞이하고, 두 사람은 영원히 함께하듯 고요히 무덤에 잠든다. 이 작품은 격정적인 사랑과 인간 내면의 어둠을 깊이 있게 그려내며 깊은 여운을 남긴다.

《풀베개》 나쓰메 소세키

예술가인 '나'는 여름을 맞아 일본의 한 온천 마을을 찾고, 영감을 얻기 위해 자연과 사람들을 관찰하며 철학적인 사색을 펼친다. 그가 머무는 여관에서는 묘한 분위기의 여주인이 눈길을 끈다. 그녀는 과거의 상처를 품고 있는 듯하지만, 조용한 강인함을 지닌 인물이다. 주인공은 그녀와의 대화와 교류를 통해 인간의 감정, 예술의 본질, 삶과 죽음에 대한 깊은 통찰을 얻게 된다. 이야기 속에서 큰 사건은 없지만, 주인공의 내면을 따라가며 자연과 예술, 인간 심리에 대한 사색을 담아낸 것이 특징이다. 서정적인 문체와 시적인 표현을 통해 '아름다움이란 무엇인가'에 대한 깊은 질문을 던지는 작품이다.

《프랑켄슈타인》 메리 셸리

빅터 프랑켄슈타인은 과학에 대한 열정으로 죽은 자를 되살리는 실험을 감행한다. 그가 인간의 신체 부위들을 조합해 만든 거대한 생명체는 끔찍한 모습을 하고 있다. 빅터는 자신이 창조한 괴물에 대한 두려움과 혐오감으로 도망치고, 그 괴물은 버림받고 고립된다. 괴물은 스스로 지식을 쌓아가며 인간 사회를 이해하려 하지만, 끔찍한 외양으로 인해 끊임없이 거부당한다. 결국 누구에게도 환영받지 못하고 절망과 분노에 휩싸인 괴물은 자신을 창조한 빅터에게 복수하기로 마음먹고, 빅터의 동생을 죽인다. 괴물과 빅터는 서로를 추적하며 북극의 얼음 위에서 최후의 대결을 벌이고, 결국 둘 다 파멸에 이른다. 소설은 과학의 발전에 따른 인간의 도덕적인 책임과 배제된 존재의 고통을 깊이 있게 탐구한다.

《햄릿》 윌리엄 셰익스피어

덴마크 왕자 햄릿이 아버지의 죽음과 왕위를 둘러싼 음모 속에서 고뇌하는 비극. 덴마크 왕 햄릿 1세가 죽고 그의 동생 클로디어스가 왕위를 차지하며 햄릿의 어머니 거트루드와 결혼한다. 햄릿은 아버지의 유령으로부터 클로디어스가 아버지를 독살했다는 말을 듣고 복수할 계획을 세우는데, 그 과정에서 자신과 주변 인물들의 삶이 점차 얽히고 복잡해진다. 햄릿은 미친 척하며, 친구인 호레이쇼와 연극을 이용해 클로디어스의 죄를 드러내려 한다. 결국 햄릿은 클로디우스를 처치하지만, 복수의 과정에서 자신도 치명적인 상처를 입고 죽음을 맞게 된다.

《행복한 왕자》 오스카 와일드
도시 중앙의 높은 기둥 위에 보석과 금으로 장식된 '행복한 왕자' 동상이 서 있다. 왕자는 생전에 부유하고 사치스러운 삶을 살았지만, 동상으로 세워진 뒤 도시의 고통받는 사람들을 내려다보며 슬픔을 느낀다. 어느 날, 겨울을 대비해 따뜻한 나라로 날아가던 제비 한 마리가 동상 아래에서 쉬게 되고, 왕자는 제비에게 자신의 보석과 금박을 떼어 가난한 사람들에게 전해달라고 한다. 왕자는 결국 모든 보석을 나누어주고, 동상은 완전히 초라해진다. 제비는 모든 것을 잃은 왕자를 떠날 수 없어 곁에 머물다 겨울이 오자 추위로 죽고, 보석과 금을 잃은 왕자 동상은 쓸모없다며 도시에서 철거된다. 그러나 천사는 왕자의 마음과 제비의 사체를 천국으로 데려가며, 왕자와 제비는 영원한 행복을 찾는다. 이타적인 사랑과 고귀한 희생을 알려주는 따뜻한 작품이다.

《허클베리 핀의 모험》 마크 트웨인
허클베리 핀은 미시시피 강변에 사는 열두 살 소년이다. 알코올중독인 아버지의 학대를 피해 도망친 허크는 흑인 노예 '짐'을 만나 함께 뗏목을 타고 모험을 시작한다. 강을 따라 내려가면서 그들은 인종차별과 사회의 위선을 목격한다. 허크는 여행 중 짐과 깊은 우정을 쌓아가며, 노예제도 아래에서 배우고 자란 자신의 편견과 도덕적 갈등에 직면한다. 짐이 도망친 노예라는 사실을 알리면 '죄인이 될 것'이라는 사회적 규범과 짐을 도와야 한다는 양심 사이에서 고민한 끝에, 허크는 짐을 돕기로 결심하며 '지옥에 가겠다'고 다짐한다. 그러나 도중에 사기꾼들을 만나고 여러 모험을 겪으며, 짐이 이미 자유인이었다는 사실이 밝혀진다. 이 여정을 통해 허크는 인간의 존엄성과 우정의 진정한 의미를 배우게 된다.

《카라마조프가의 형제들》 표도르 도스토옙스키
탐욕과 비극으로 얼룩진 가족사를 통해 인간의 도덕적, 종교적 갈등을 탐구하는 소설. 이야기는 등장인물들의 아버지 표도르 카라마조프의 살인사건을 중심으로 전개된다. 표도르는 부도덕하고 탐욕스러운 인물로, 자식들과의 관계가 엉망이다. 그의 아들 중 첫째 드미트리는 충동적이고 정열적이며, 아버지와 애인 그루셴카를 둘러싸고 갈등을 벌인다. 둘째 이반은 이성적이고 회의적인 성격으로, 신과 도덕적 선에 대한 철학적 의문을 제기한다. 셋째 알료샤는 신앙심 깊고 선량한 수도사로, 가족의 갈등 속에서 화해와 사랑을 모색한다. 표도르가 살해되자, 드미트리가 주요 용의자로 지목되며 재판이 진행된다. 그러나 살인은 표도르의 사생아이자 하인인 스메르쟈코프가 저지른 일이었다. 스메르쟈코프는 이반의 회의적인 철학을 자신의 범죄를 정당화하는 데 이용했으나, 결국 자살한다. 자신의 간접적 책임과 내적 갈등으로 정신이 무너진 드미트리는 누명을 쓰고 유죄 판결을 받는다. 알료샤는 가족과 주변 사람들에게 희망과 신앙을 전하며 끝까지 사랑과 화합의 길을 모색한다. 인간의 본성과 윤리적 선택, 신의 존재와 악의 문제를 다룬 걸작으로, 각 인물의 갈등과 선택은 도스토옙스키 특유의 심리적 통찰과 종교적, 철학적 탐구를 담아내며 독자들에게 깊은 사유를 이끌어낸다.

마음시선 '나만의 필사책' 시리즈

★ 온·오프라인 서점 MD 추천 ★
★ 각종 서점 장기 베스트셀러 ★

001
나만의 필사책 어린 왕자

★ 초등 고학년·중학생 필사도서 ★

어린 왕자 전체 텍스트를 한 권에,
따뜻한 색감을 살린 올컬러 디자인

나만의 손글씨와 그림으로 만나는
세상에서 단 하나뿐인 '어린 왕자'

002
행복에 관한 짧은 글

★ 고등학교 '아침 책 산책' 프로젝트 책 ★
★ 치매안심센터 '함께 쓰기' 필사도서 ★

작지만 확실한 행복을
매일 발견해보세요

나와 소중한 사람에게
행복을 선물하는 책

003
성공에 관한 짧은 글

★ 미라클 모닝 루틴 만들기 ★

하루 5분 모닝 리추얼
긍정 확언 필사로 시작하는 아침

성공에 대한 영감을 얻고 싶은
모든 이들을 위한 가이드북

004
한국의 아름다운 시

★ 초등 고학년·중학생 필사도서 ★

한국문학의 정수,
필사책으로 다시 태어나다

한국을 대표하는 시인 7명의
아름다운 시를 필사하는 책

005
고전 명문장 필사 100

★ 전병규 작가(콩나물쌤) 추천★

고전의 명문장을 필사하며
작품의 핵심도 함께 이해하는 책

책 없는 방은

영혼 없는 육체와도 같다.

_키케로

엮고 옮긴이 김지수

어릴 적부터 고전에 깊이 매료되어 그 시대를 초월한 지혜와 아름다움을 탐구해 왔습니다. 고전 중에서도 아름다운 문장이 담긴 문학 작품이 전하는 불변의 가치를 현대 독자들에게 전하고자 이 책을 기획했습니다. 많은 독자들에게도 익숙한 고전 문학 속 문장 100개를 가려 뽑아, 필사를 통해 그 감동을 직접 느끼고 사유할 수 있는 기회를 제공하고자 합니다.

마음을 다해 쓰는 글씨 나만의 필사책
생각을 깊게, 삶을 단단하게
고전 명문장 필사 100

1판 1쇄 2025년 4월 28일
1판 2쇄 2025년 10월 28일

엮고 옮긴이 김지수

책임편집 김수현
디자인 박영정

펴낸이 김수현
펴낸곳 마음시선

블로그 blog.naver.com/maumsisun | 인스타그램 @maumsisun

ISBN 979-11-93692-09-7 03800